Independence Trainer 3
Groups

Workshop über Groups,
In Independence Grooves Big Band...

Training & Sightreading for Professional

Drums-Online.org

Workout Serie

Groups

Von: Thomas Stan Hemken

www.drums-online.org

Impressum

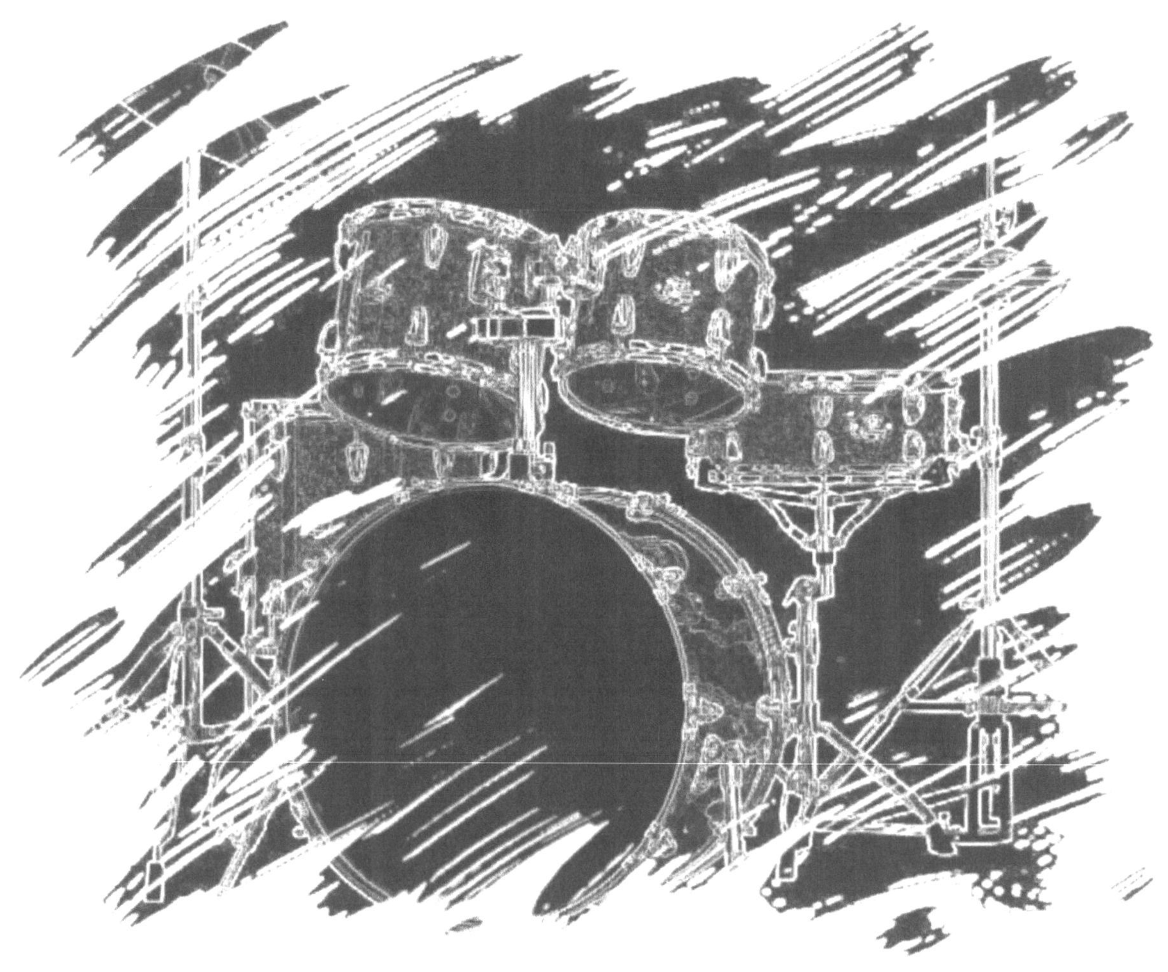

Bibliografische Information der Deutschen Nationalbibliothek:
Die Deutsche Nationalbibliothek verzeichnet diese Publikation in der Deutschen Nationalbibliografie; detaillierte bibliografische Daten sind im Internet über http://dnb.dnb.de abrufbar.

© 2015 Thomas Stan Hemken

www.drums-online.org
Herstellung und Verlag: BoD – Books on Demand, Norderstedt

ISBN: 9783738659344

Vorwort

Hallo,

ich freue mich sehr, Dir eine neues Buch über ein weiteres
Thema der Spielkunst am Schlagzeug vorzustellen.
-Die Groups
Groups (Gruppen) werden sehr häufig in der Musik gespielt. Doch
meist ist sich der Spieler gar nicht darüber bewusst, was er
dort anwendet. Mir ist aufgefallen, dass die Möglichkeiten
dieses Systems auch kaum ausgeschöpft werden.
Meist spielen die Drummer nur sehr kurze Phrasen aus der
Technik der Groups, was im Sinne des Songs natürlich auch
vollkommen ok ist.
Trotzdem fasziniert mich dieses Thema und das hat mich
motiviert, mir einmal nähere Gedanken dazu zu machen.

Das Resultat dieser Gedanken hältst Du nun in deiner Hand.

Ich wünsche Dir viel Freude und Erfolg mit diesen Übungen und
Anregungen. Selbstverständlich kannst Du dich jederzeit auch zu
deinen Gedanken, Ideen und Wünschen bei mir äußern.
Ich freue mich über jedes Feedback!

Thomas Stan Hemken

Schau Dir also unbedingt auch die anderen Bücher von mir an!

Ich freue mich immer über einen Besuch auf:
www.drums-online.org

Index

Groups

Thomas Stan Hemken

Groups sind ein sehr gutes Stilmittel, um das Spiel interessant zu machen und auch um Rhythmen zu kreieren. Sie lassen sich auch sehr schön anwenden, um Verschiebungen in die Grooves zu bringen, die sehr virtuos klingen.

Zusätzlich sind sie eine sehr gute Möglichkeit, die Independence zu trainieren, denn sie stellen eine besondere Herausforderung für den Bewegunsablauf dar.

Ich möchte mit dem Aspekt der Independence beginnen und die wichtigsten Groups (Gruppen) darstellen. Dazu könntest Du folgenden Ride bzw. Hi Hat Figuren spielen:

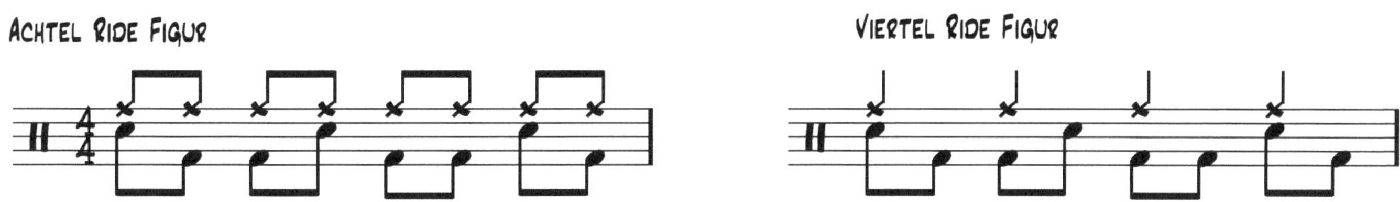

Wenn dann die 1/16 Groups dazu kommen, ist das gleichzeitig auch das richtige Feeling für 1/32 Figuren. Diese brauchen wir dann nicht extra zu notieren!

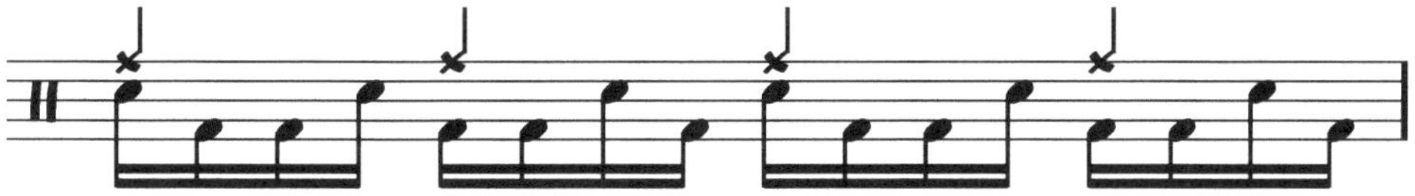

ist das Gleich wie:

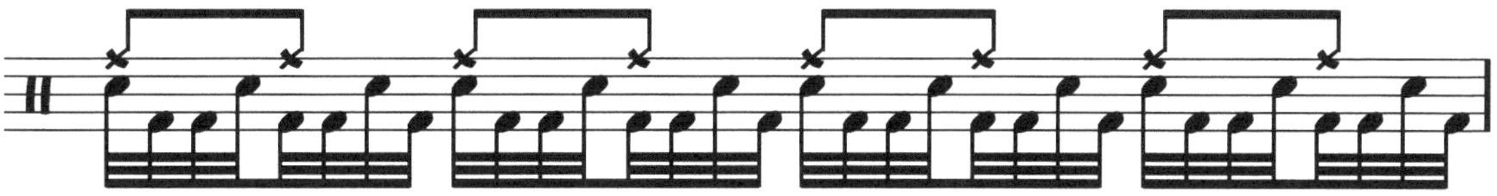

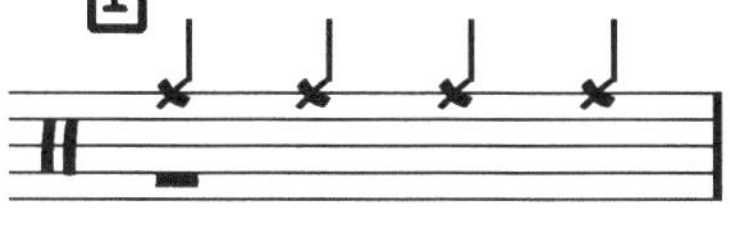

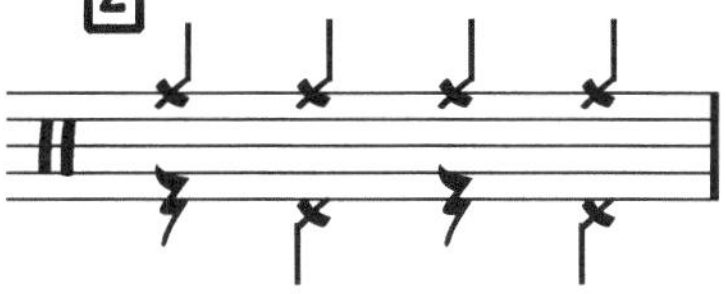

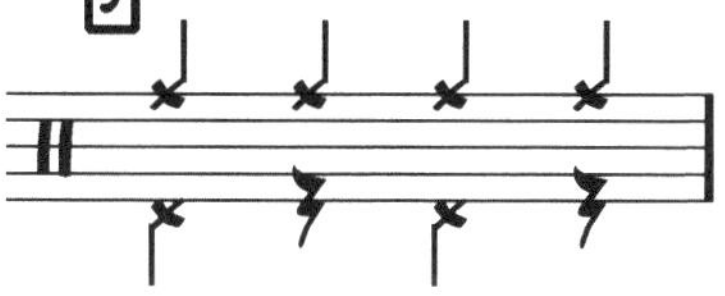

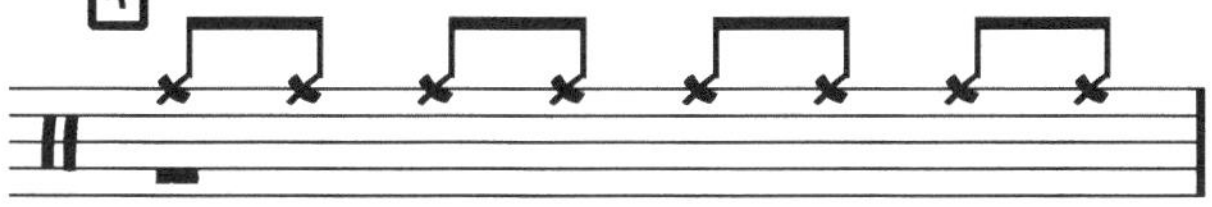

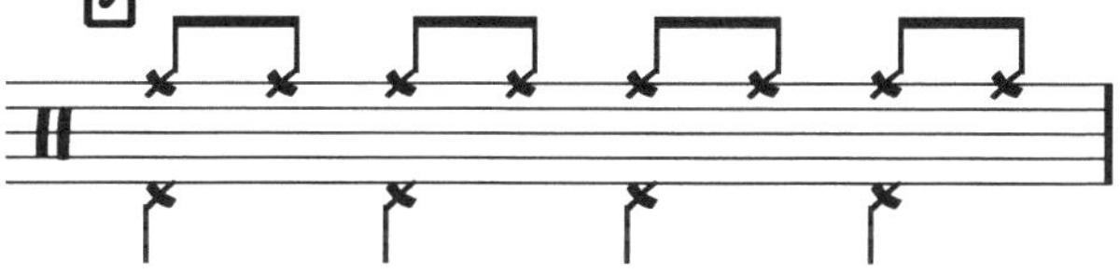

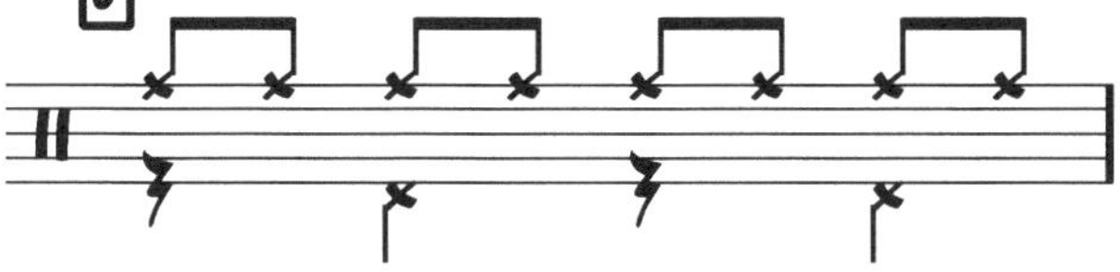

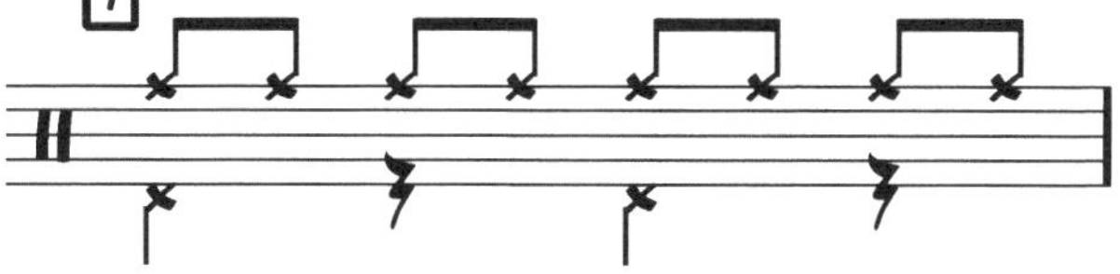

folgende Ostinati sind zu empfehlen:

Groups Binär 1/8

Thomas Stan Hemken

Spiele die Figuren A - G dazu!

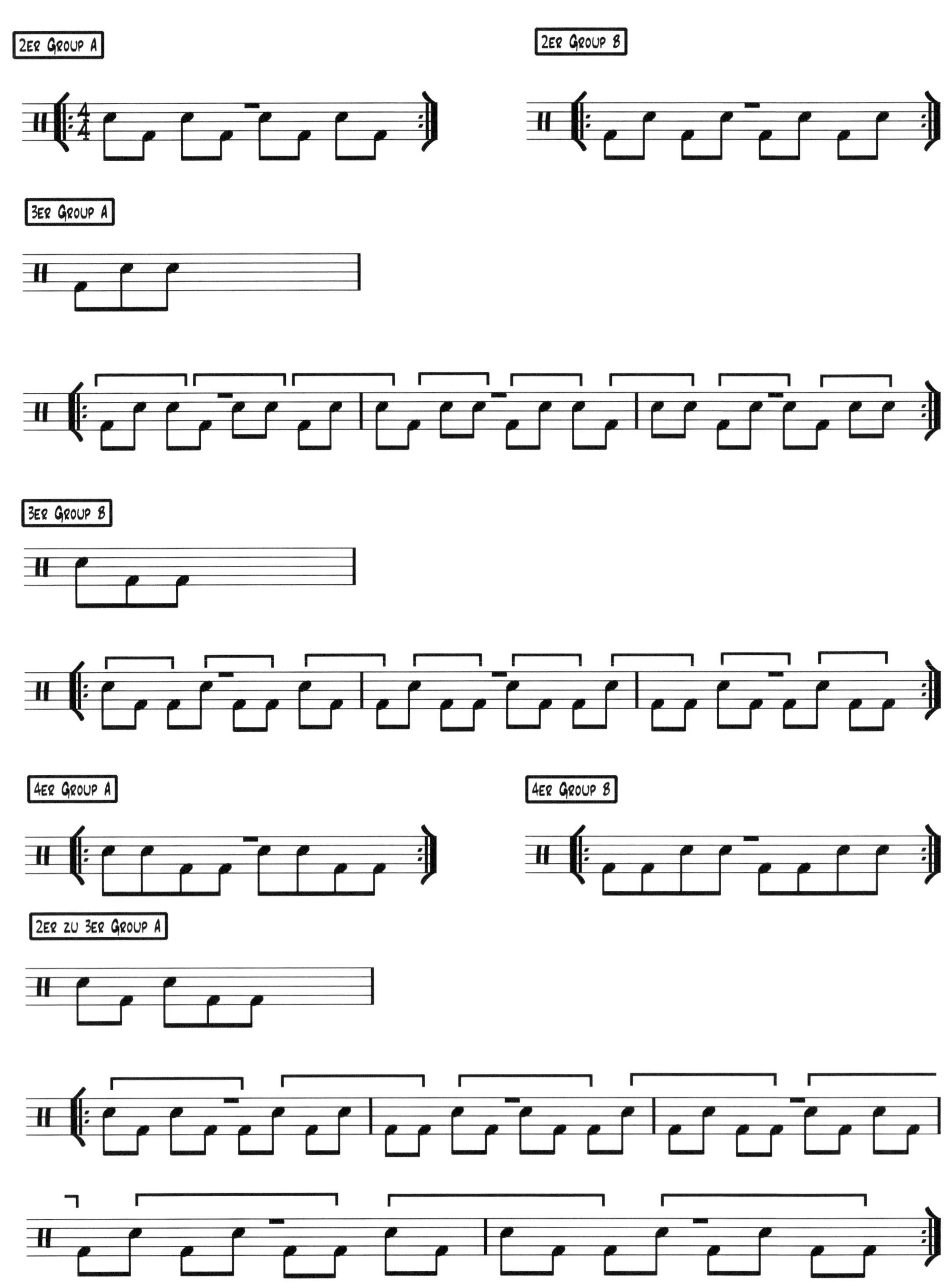

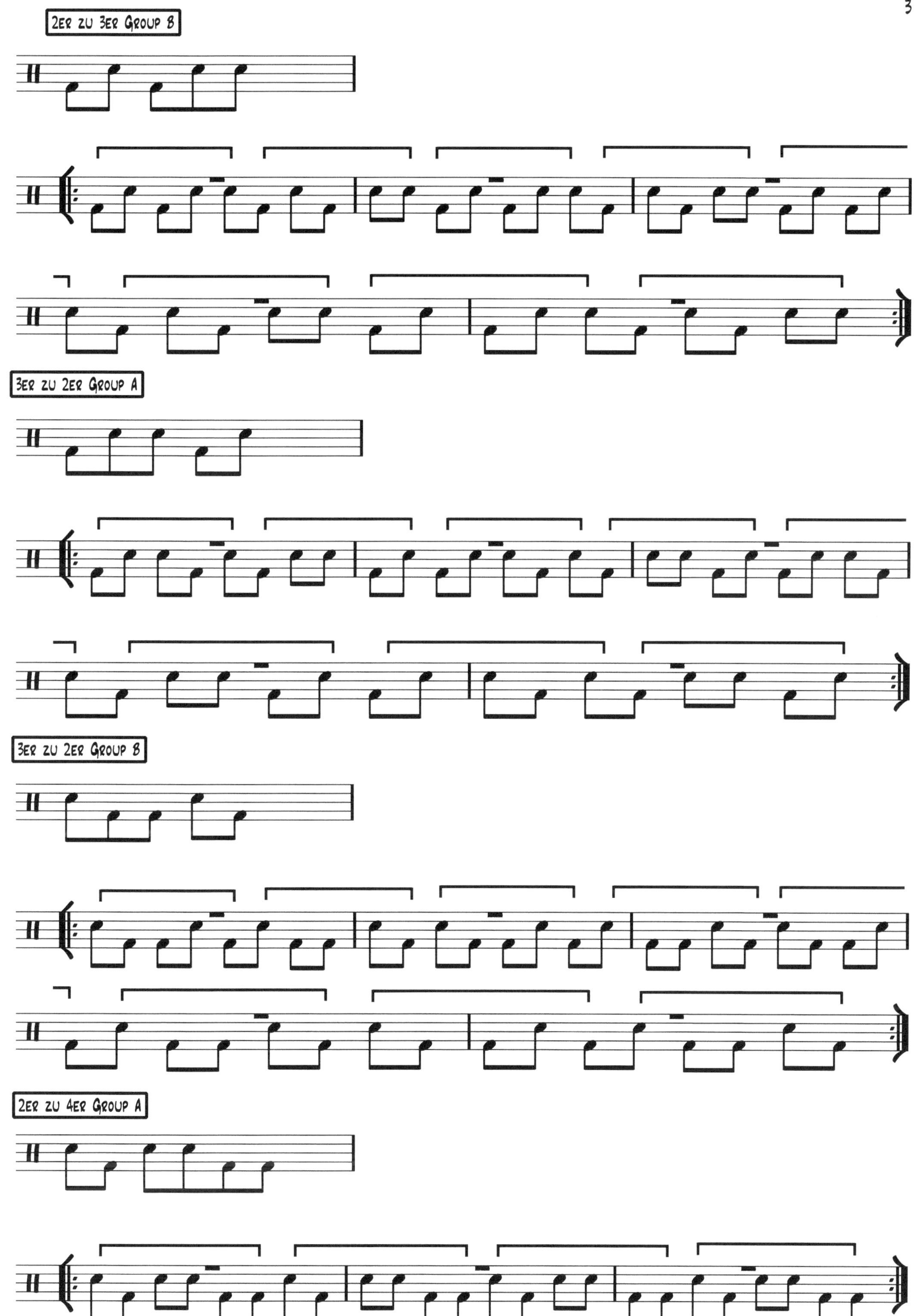

2er zu 3er Group B
3er zu 2er Group A
3er zu 2er Group B
2er zu 4er Group A

4

2er zu 4er Group B

2er zu 4er Group B
4er zu 2er Group A
4er zu 2er Group B
3er zu 4er Group A
3er zu 4er Group B

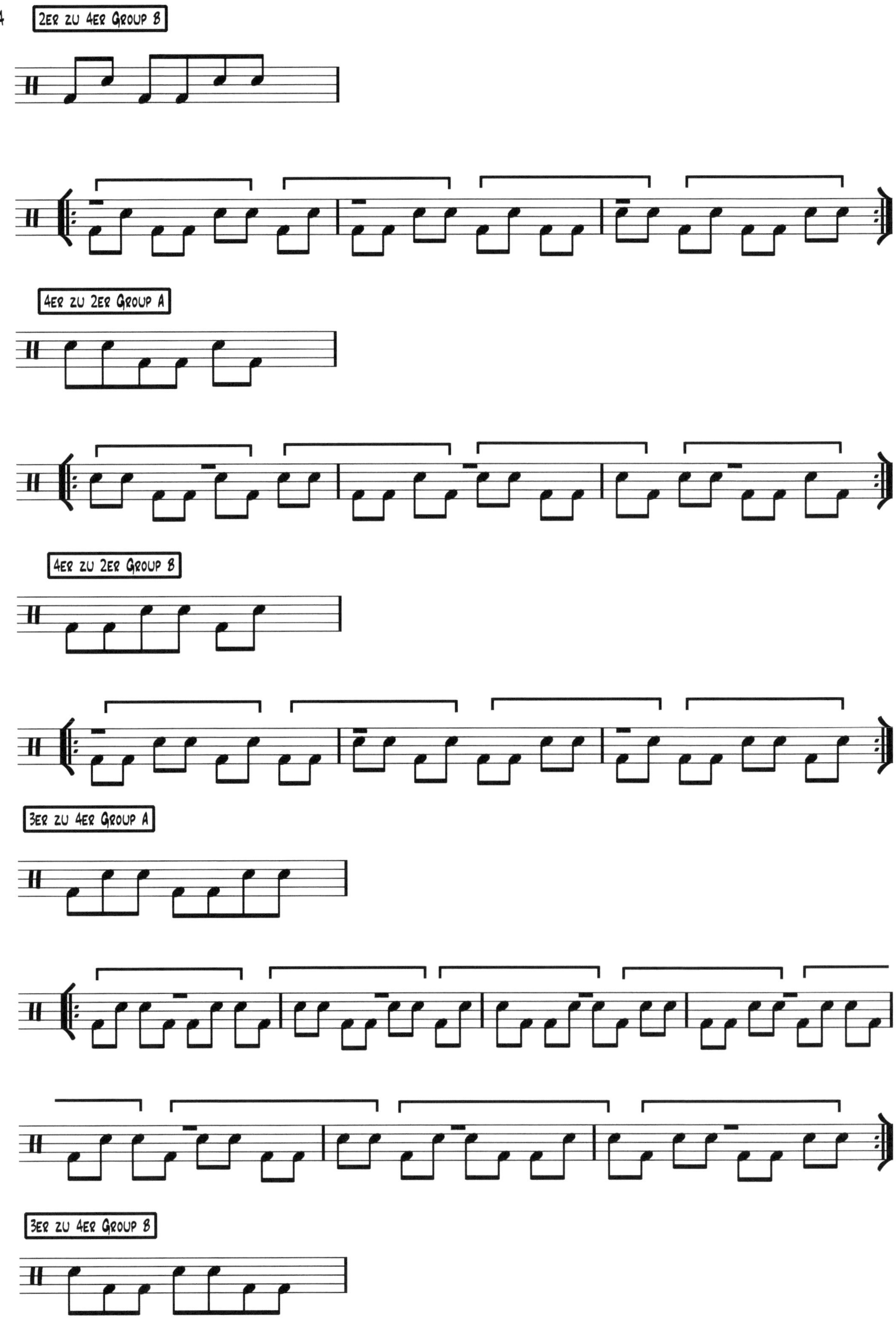

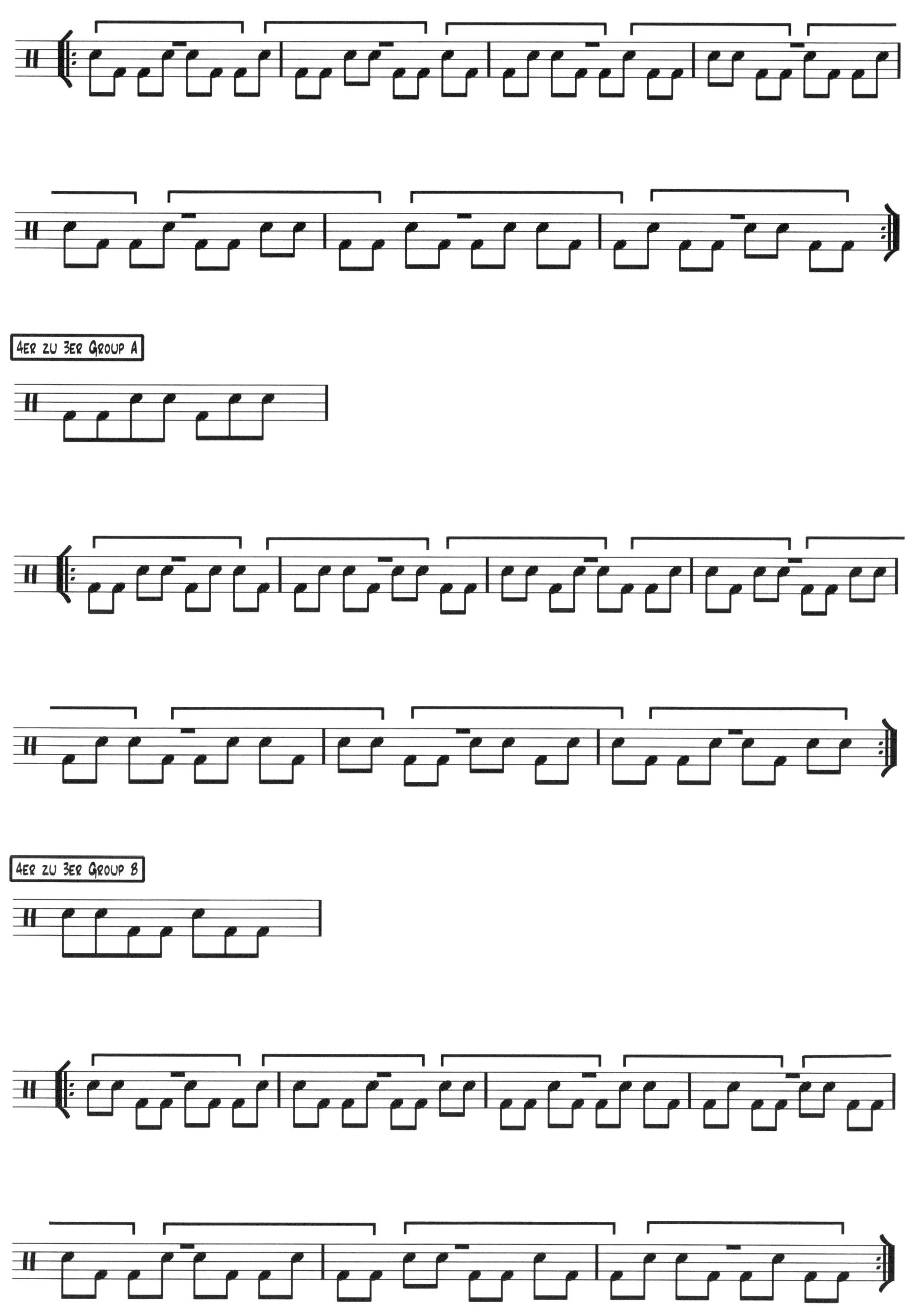

4er zu 3er Group A
4er zu 3er Group B

Groups Binär 1/16

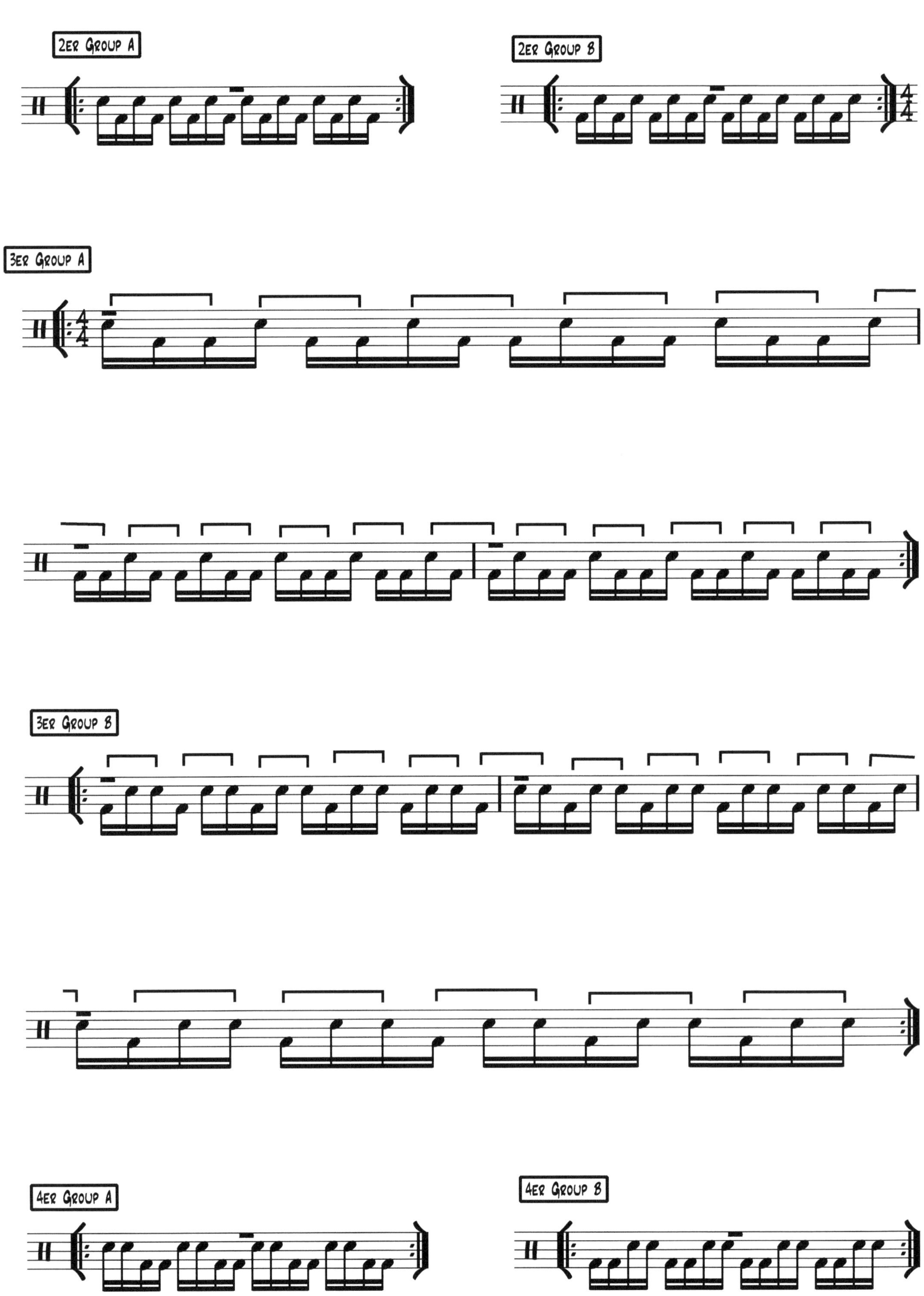

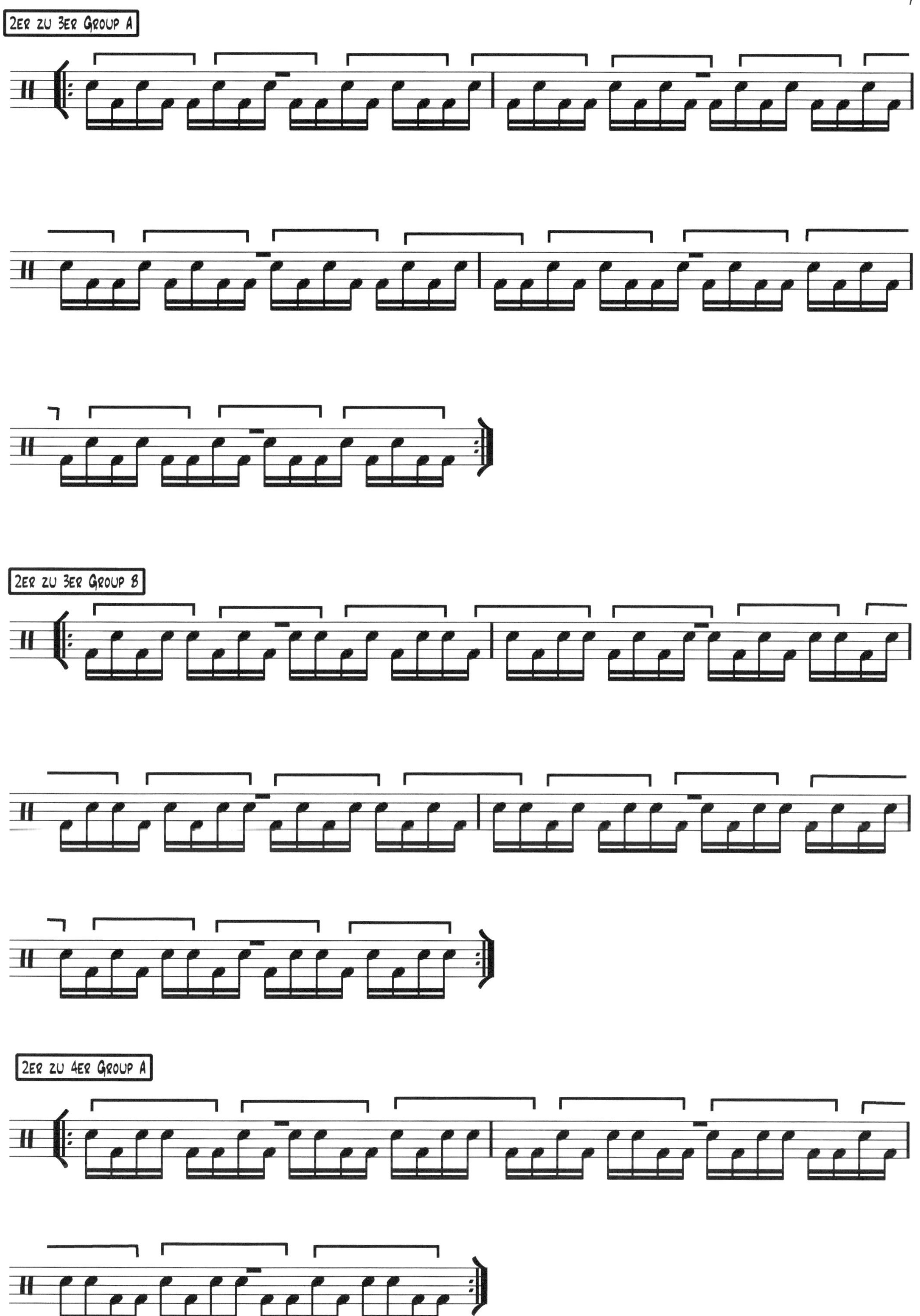
2er zu 3er Group A
2er zu 3er Group B
2er zu 4er Group A

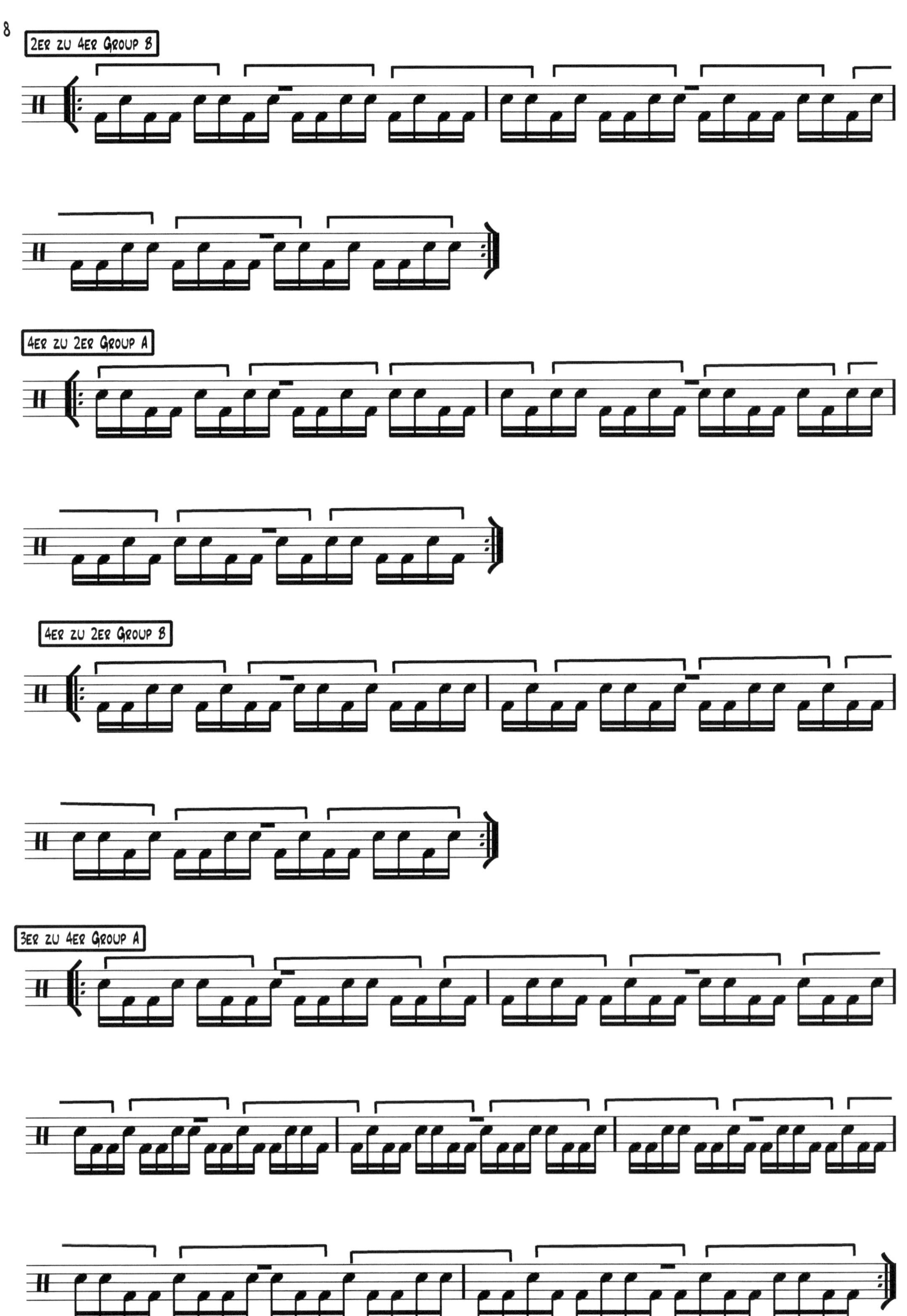

2er zu 4er Group B
4er zu 2er Group A
4er zu 2er Group B
3er zu 4er Group A

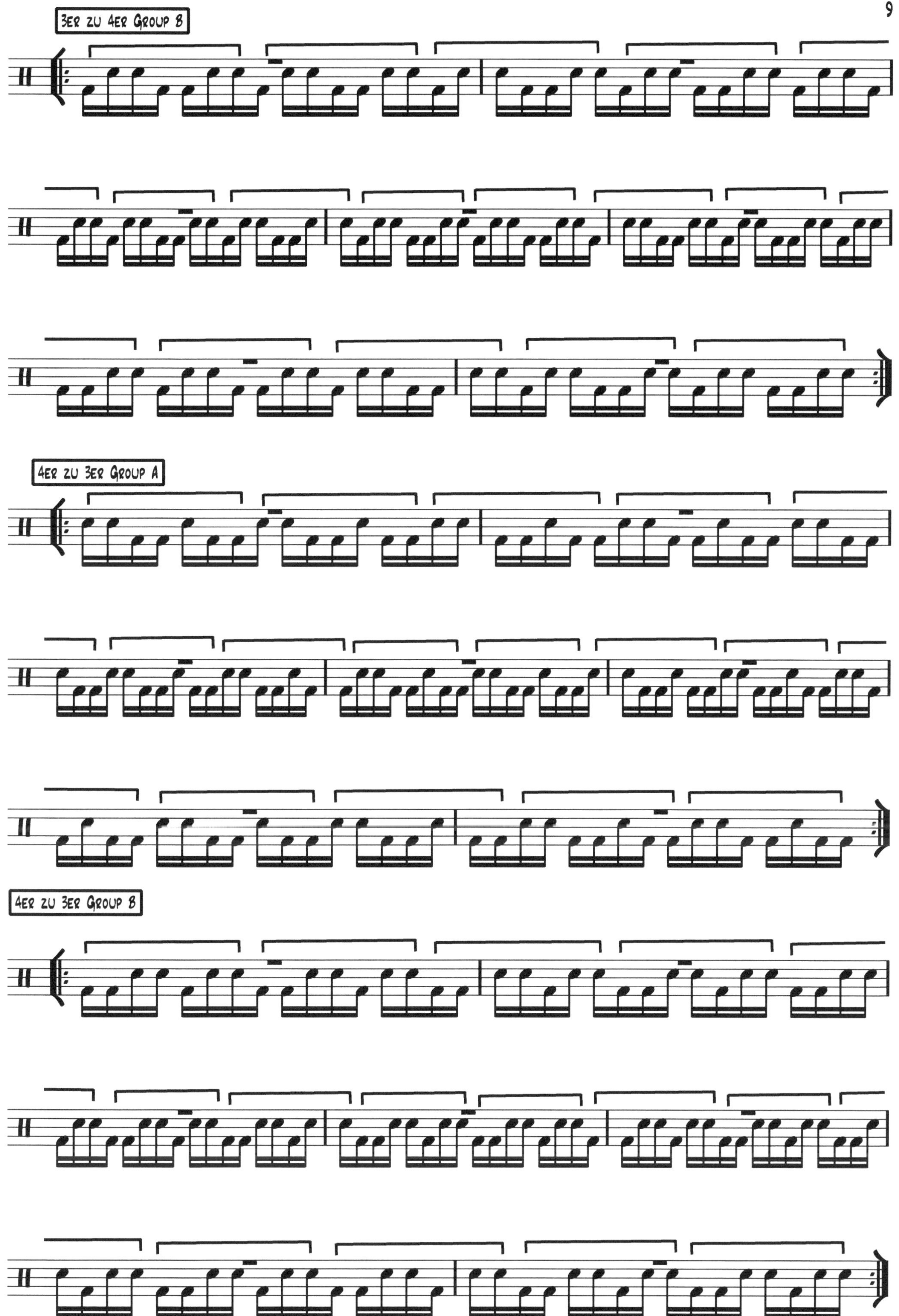
3er zu 4er Group B
4er zu 3er Group A
4er zu 3er Group B

Walking Groups Binär 1/16

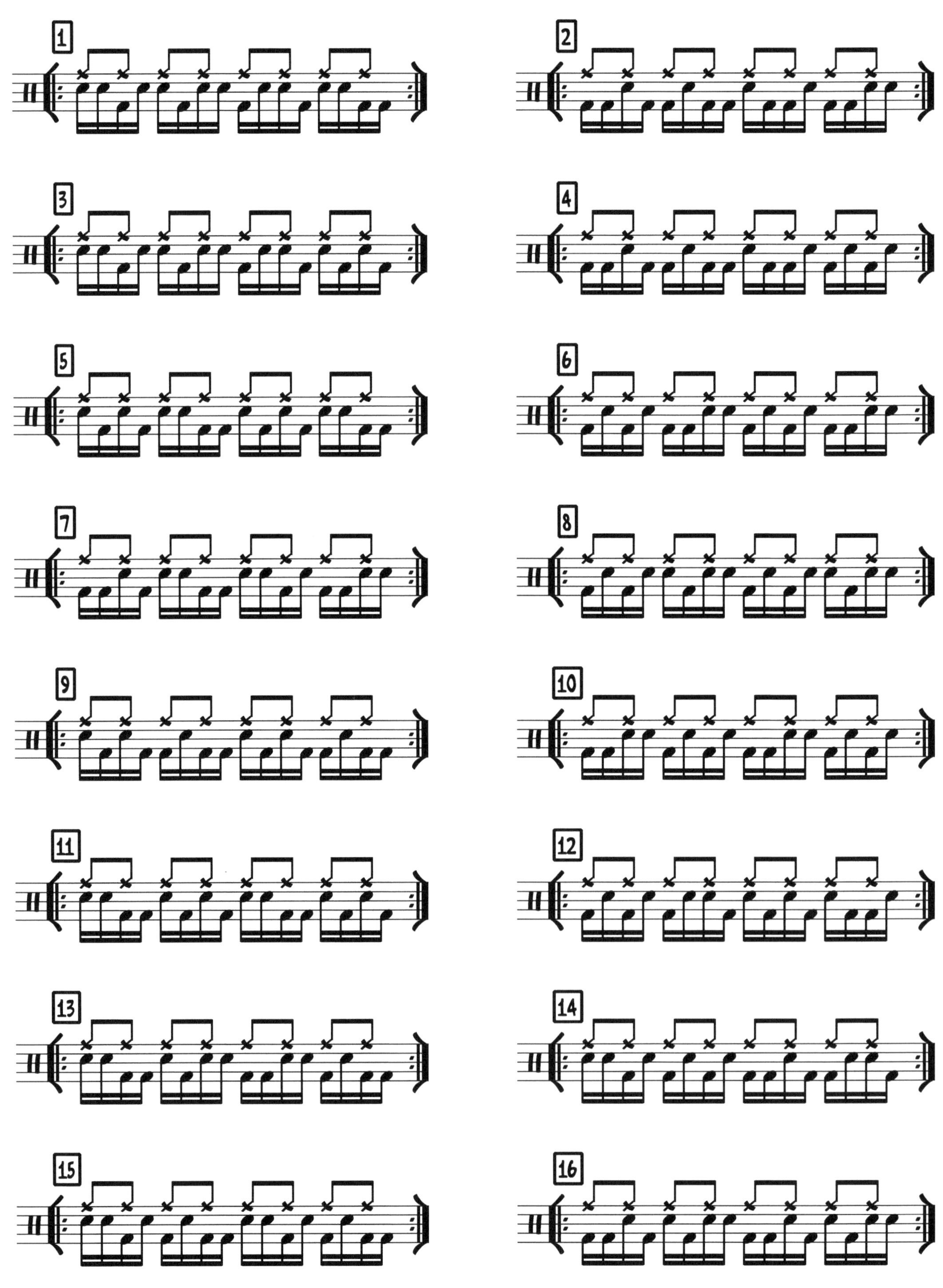

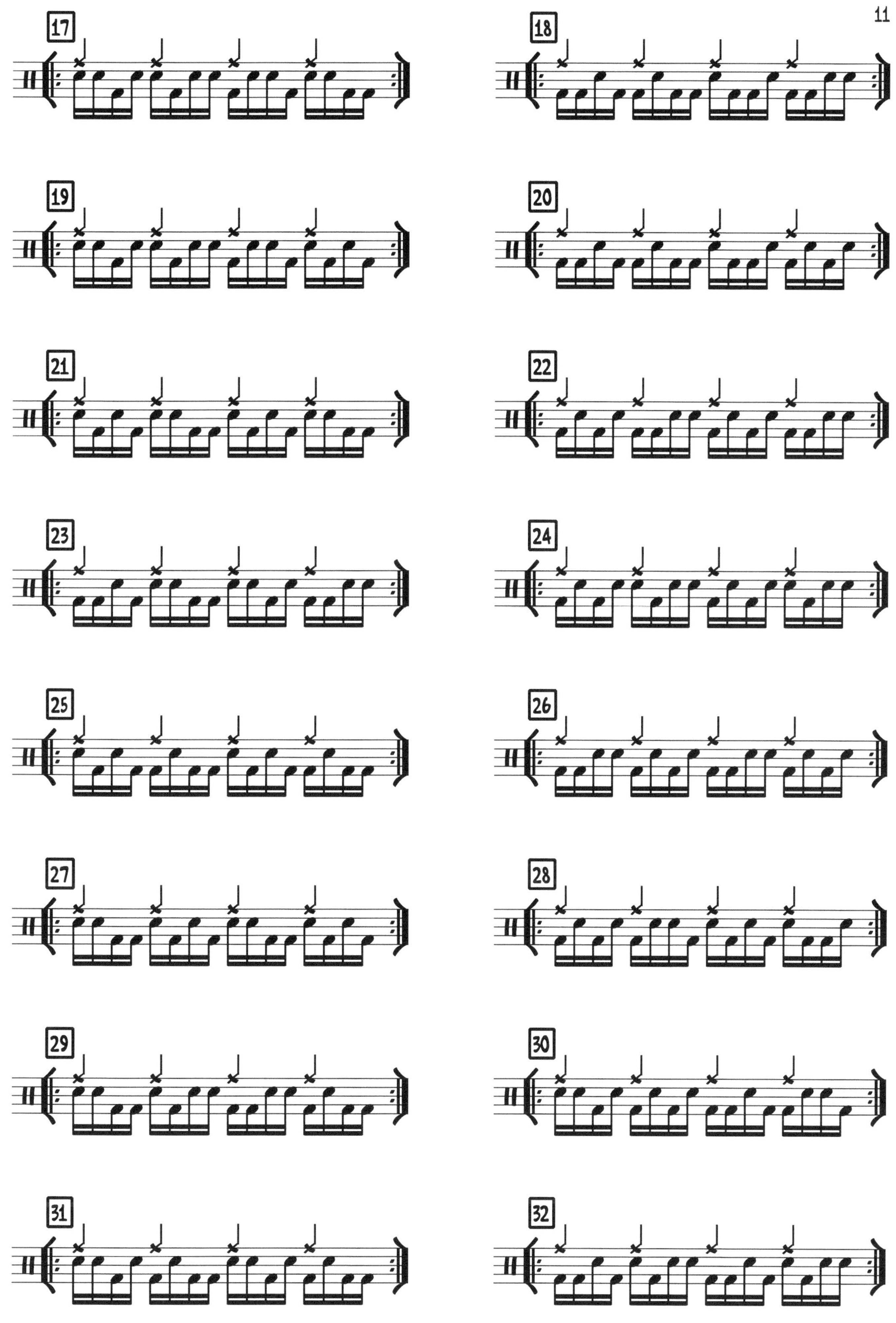

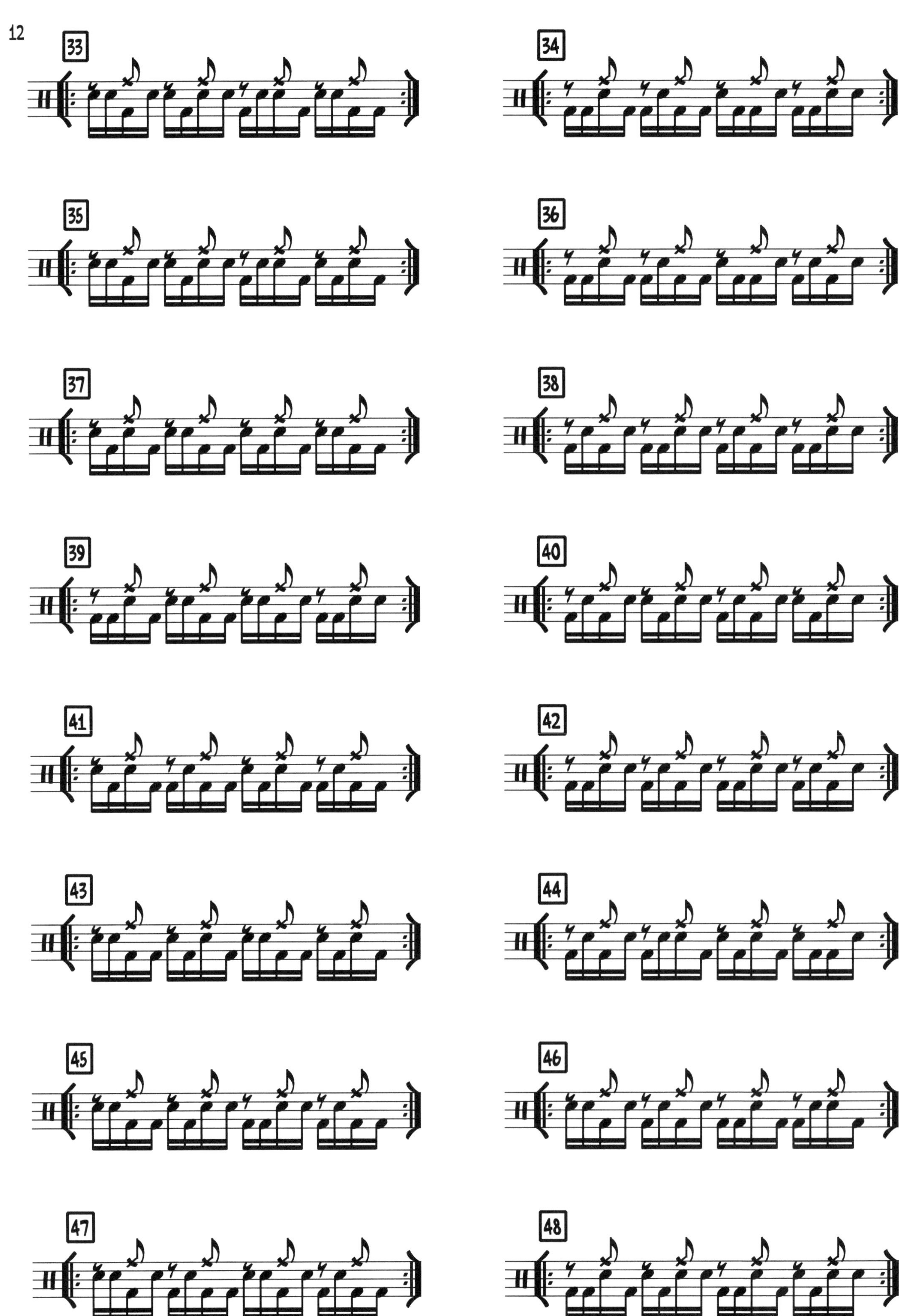

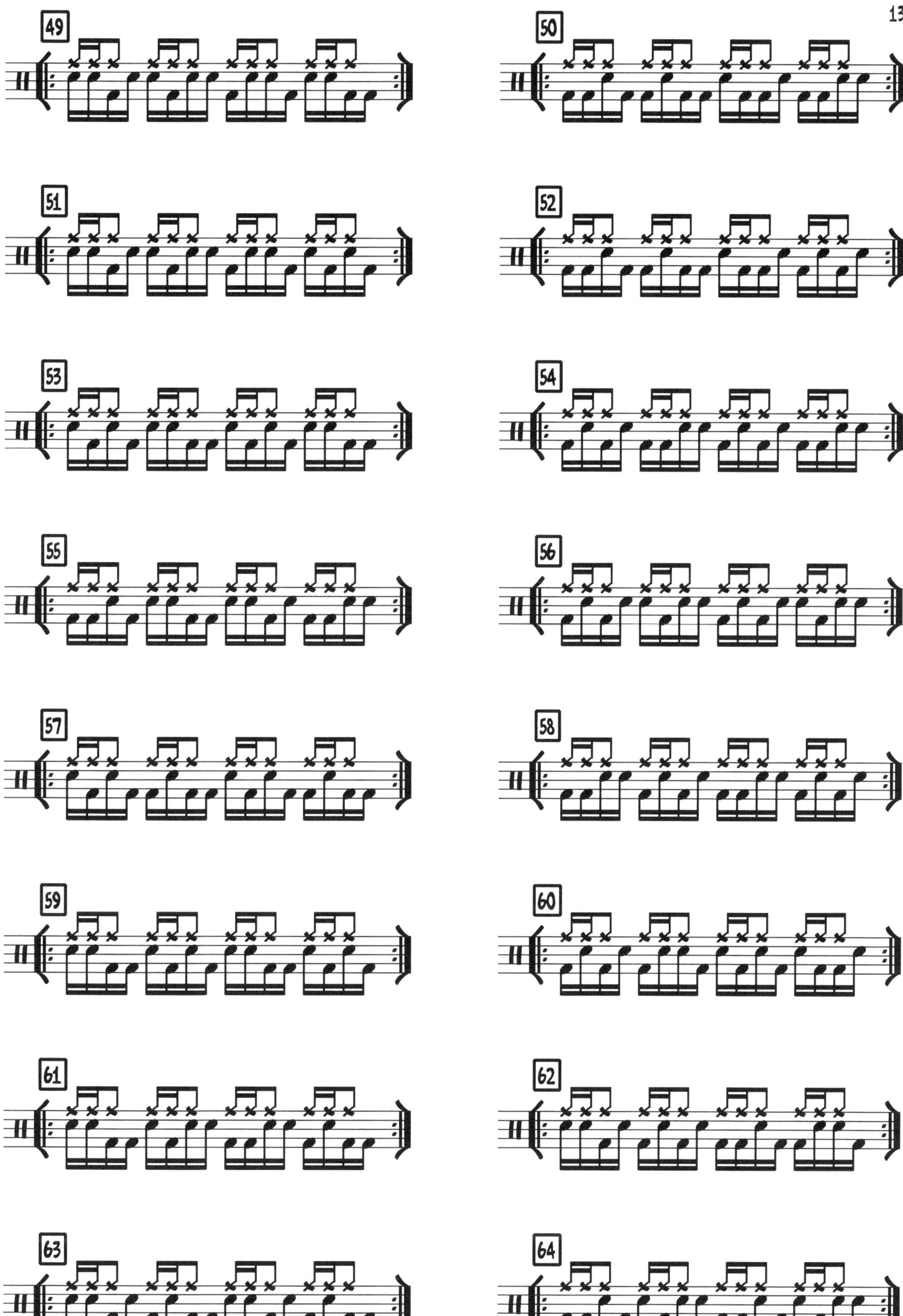

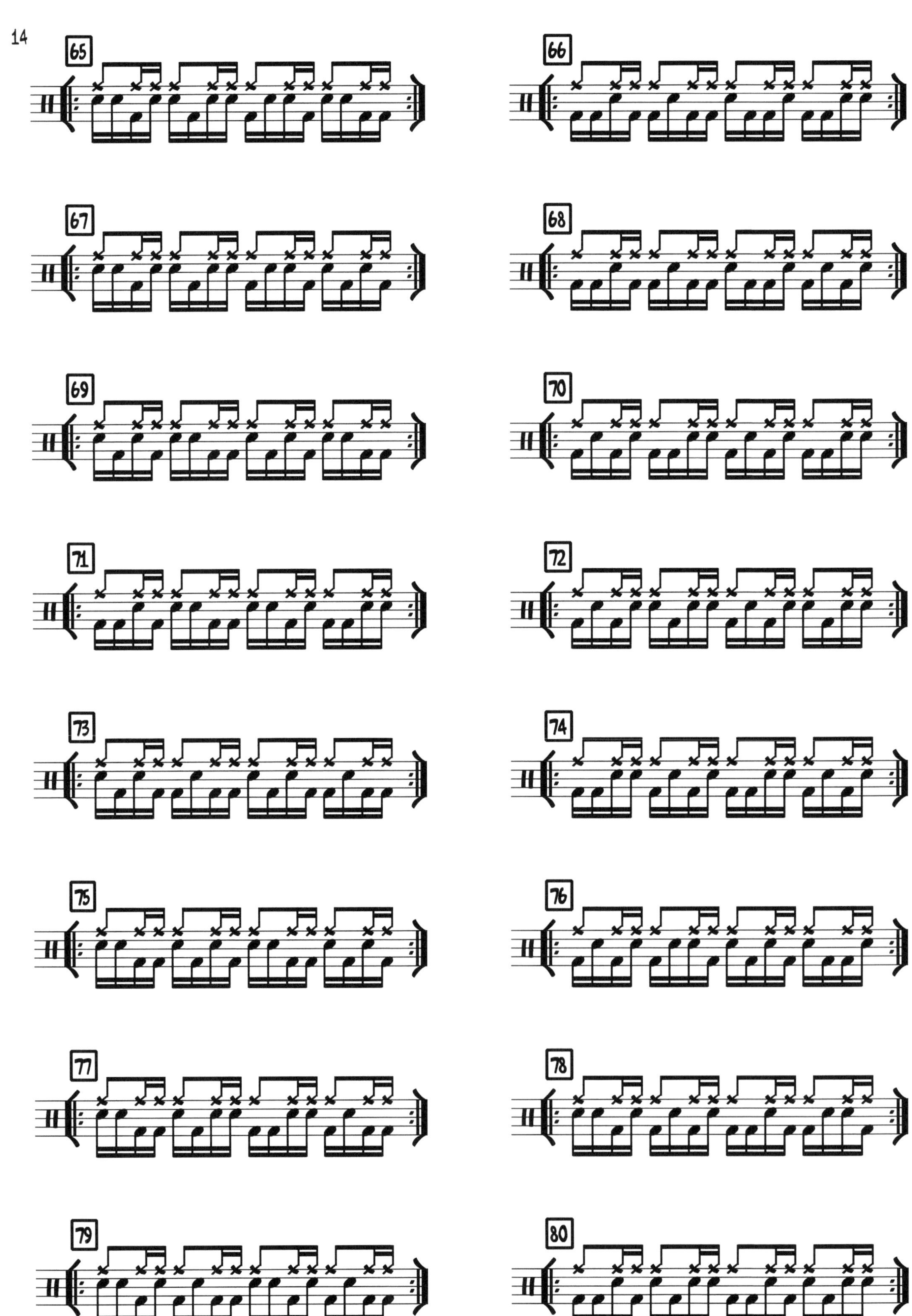

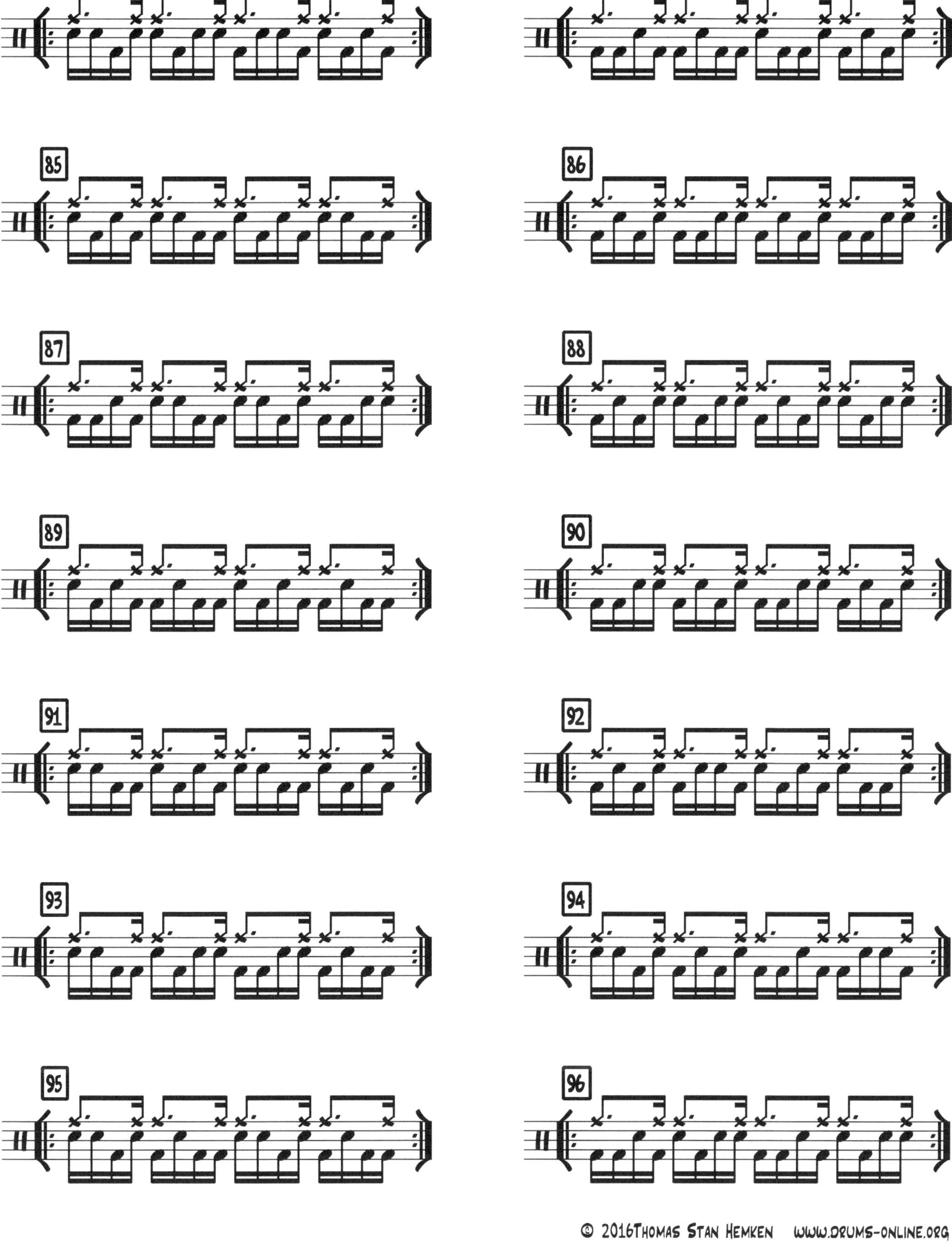

16

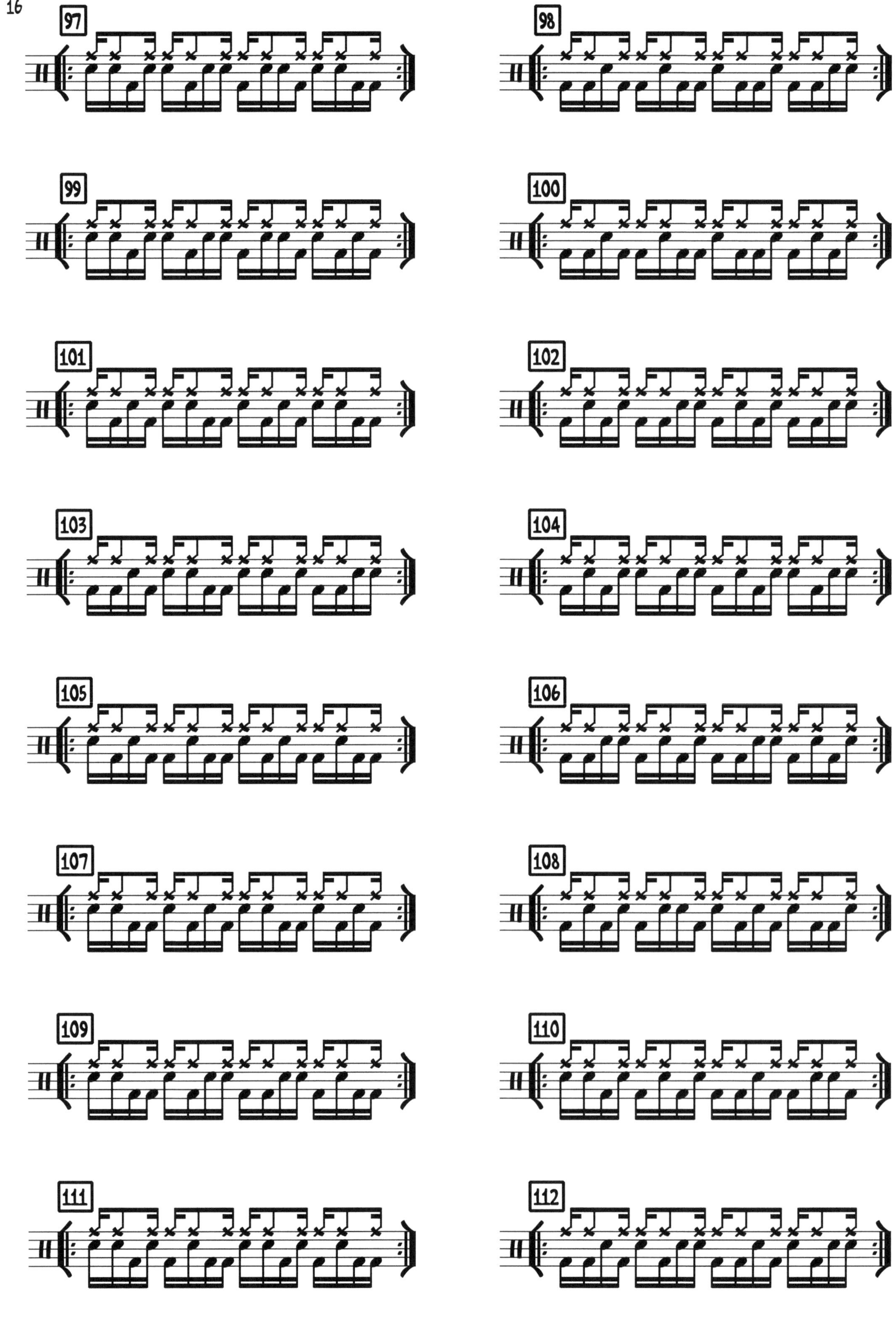

Pedal Hi Hat Figuren
Walking Groups Binär

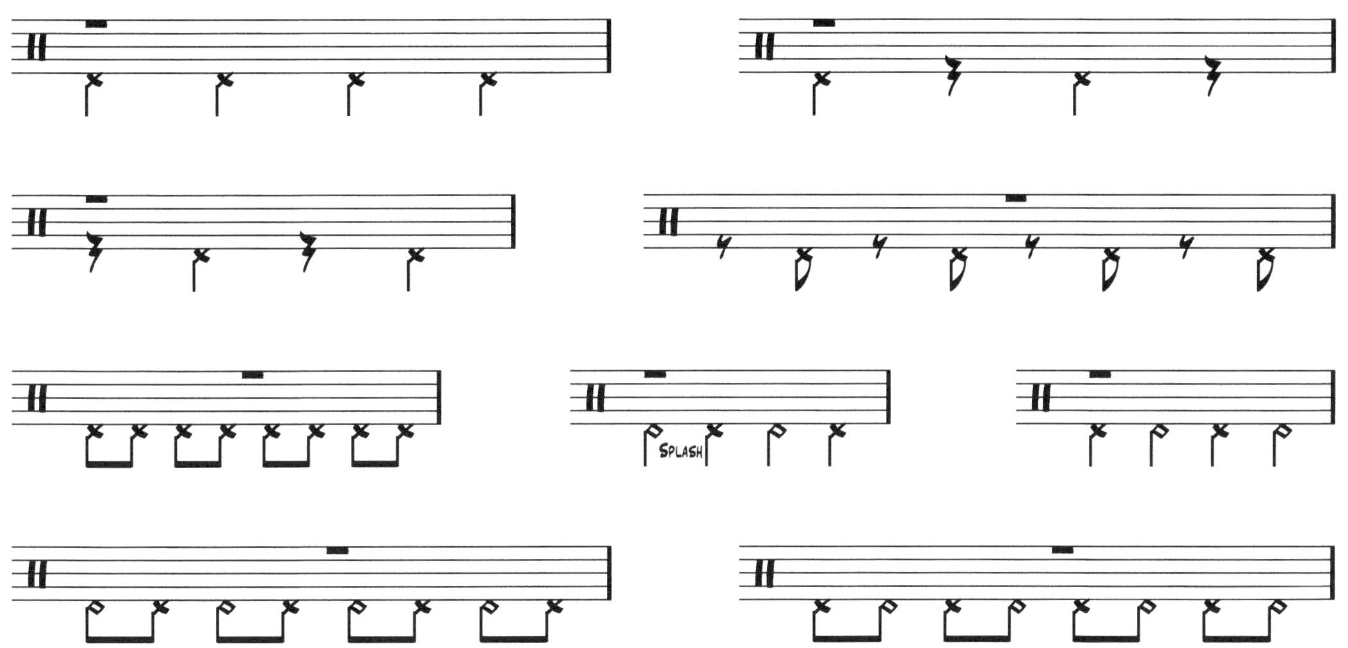

Groups Ternär
Ride & Hi Hat Figuren

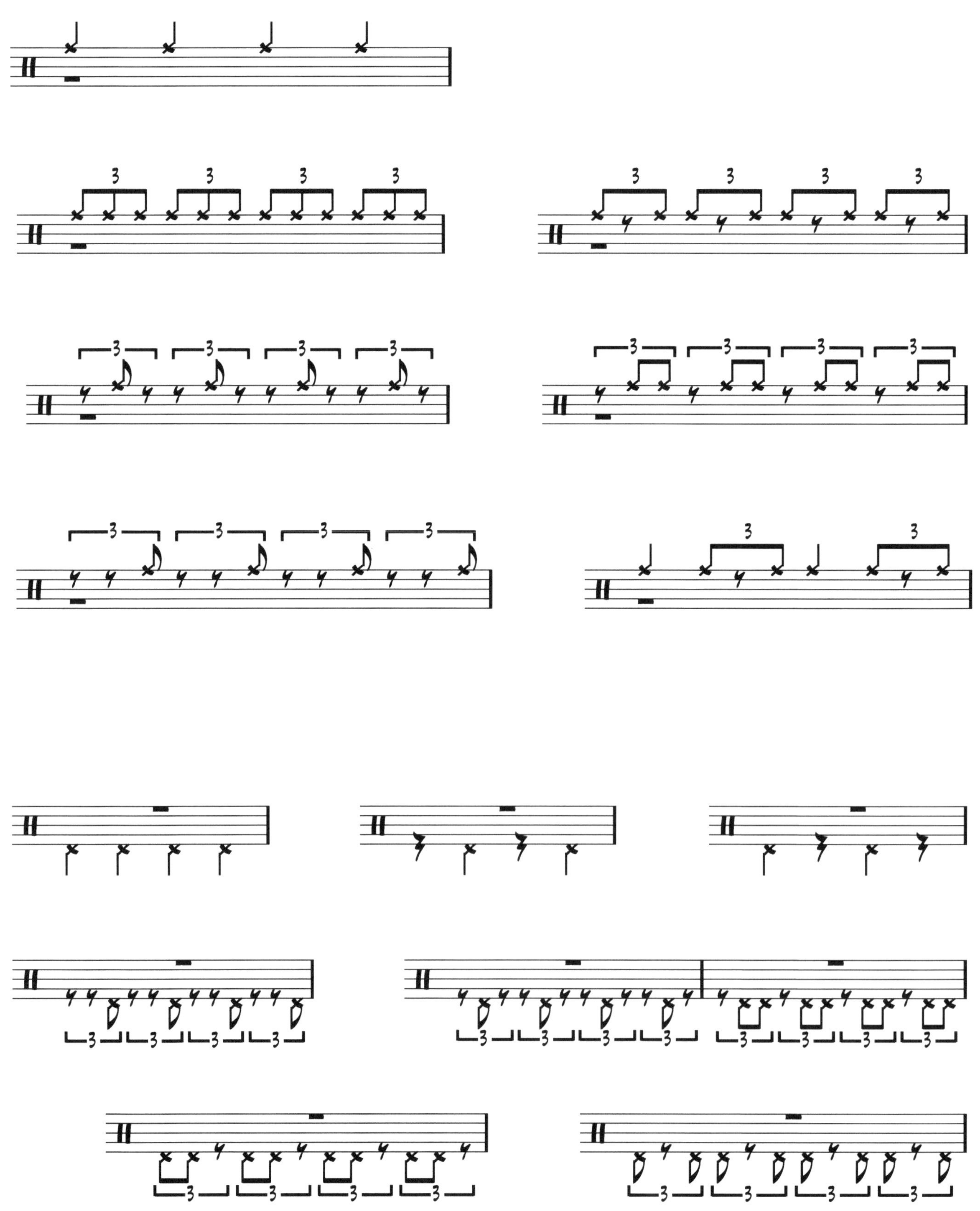

Groups Ternär 1/8

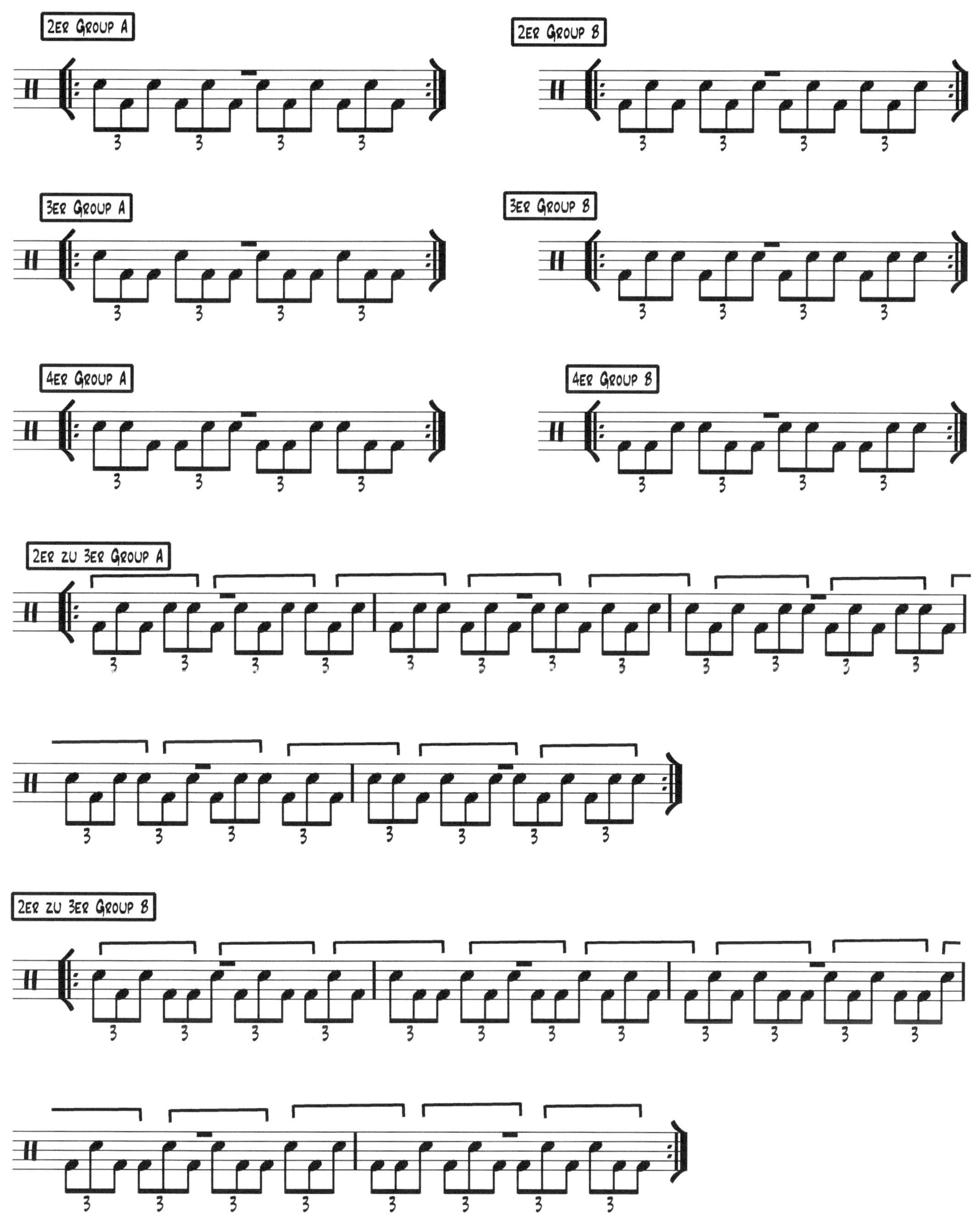

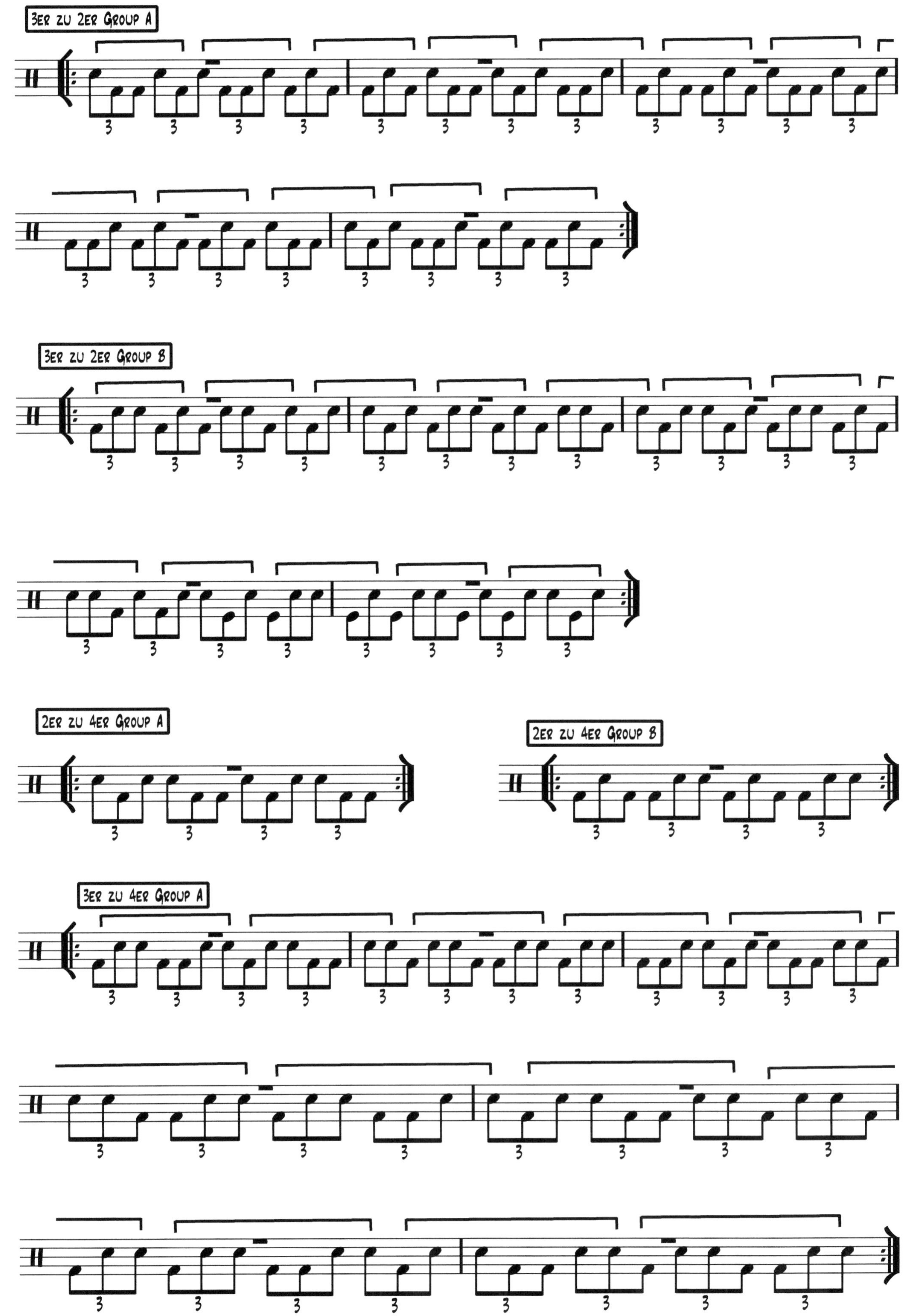
3er zu 2er Group A
3er zu 2er Group B
2er zu 4er Group A
2er zu 4er Group B
3er zu 4er Group A

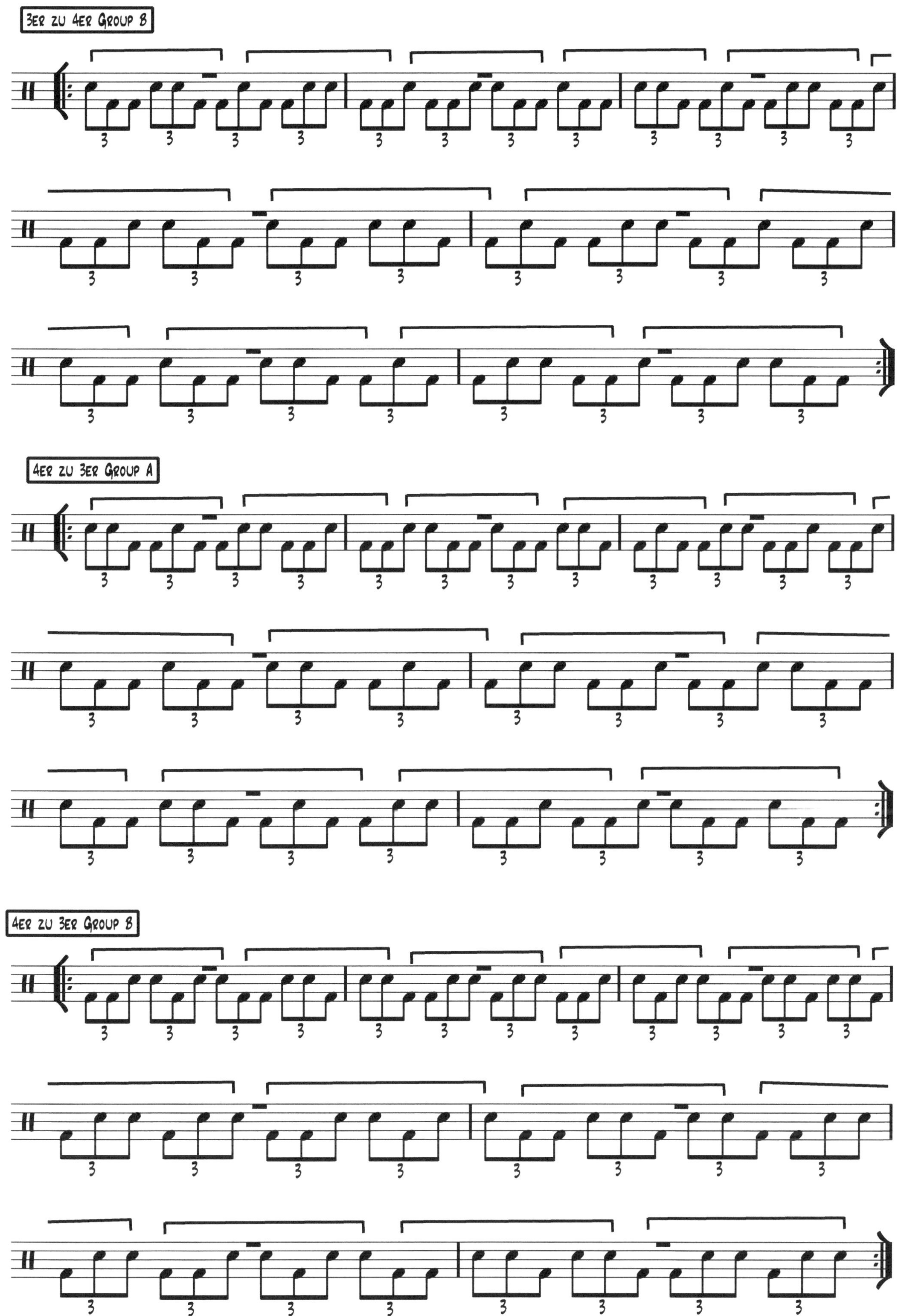
3er zu 4er Group B
4er zu 3er Group A
4er zu 3er Group B

Groups Ternär 1/16

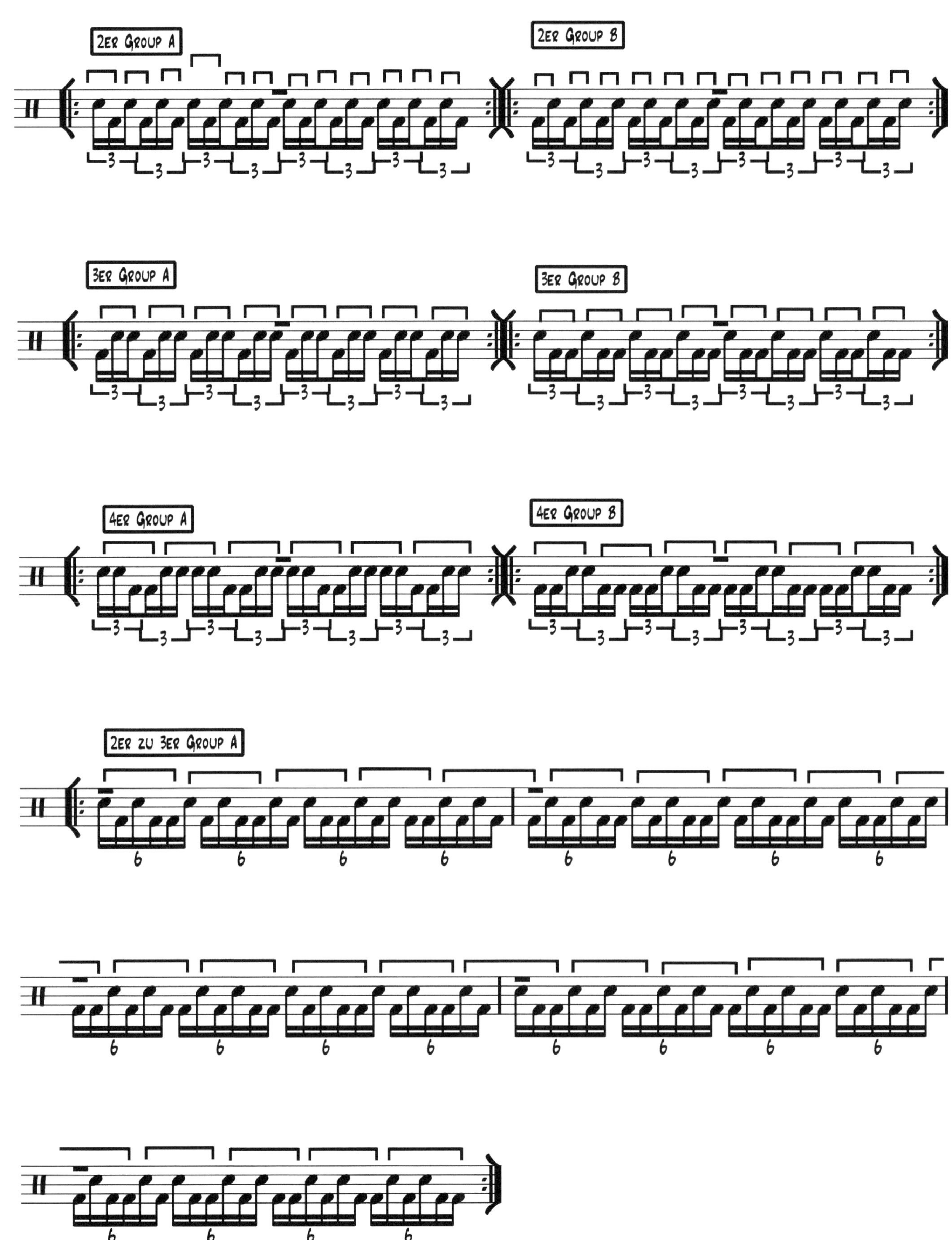

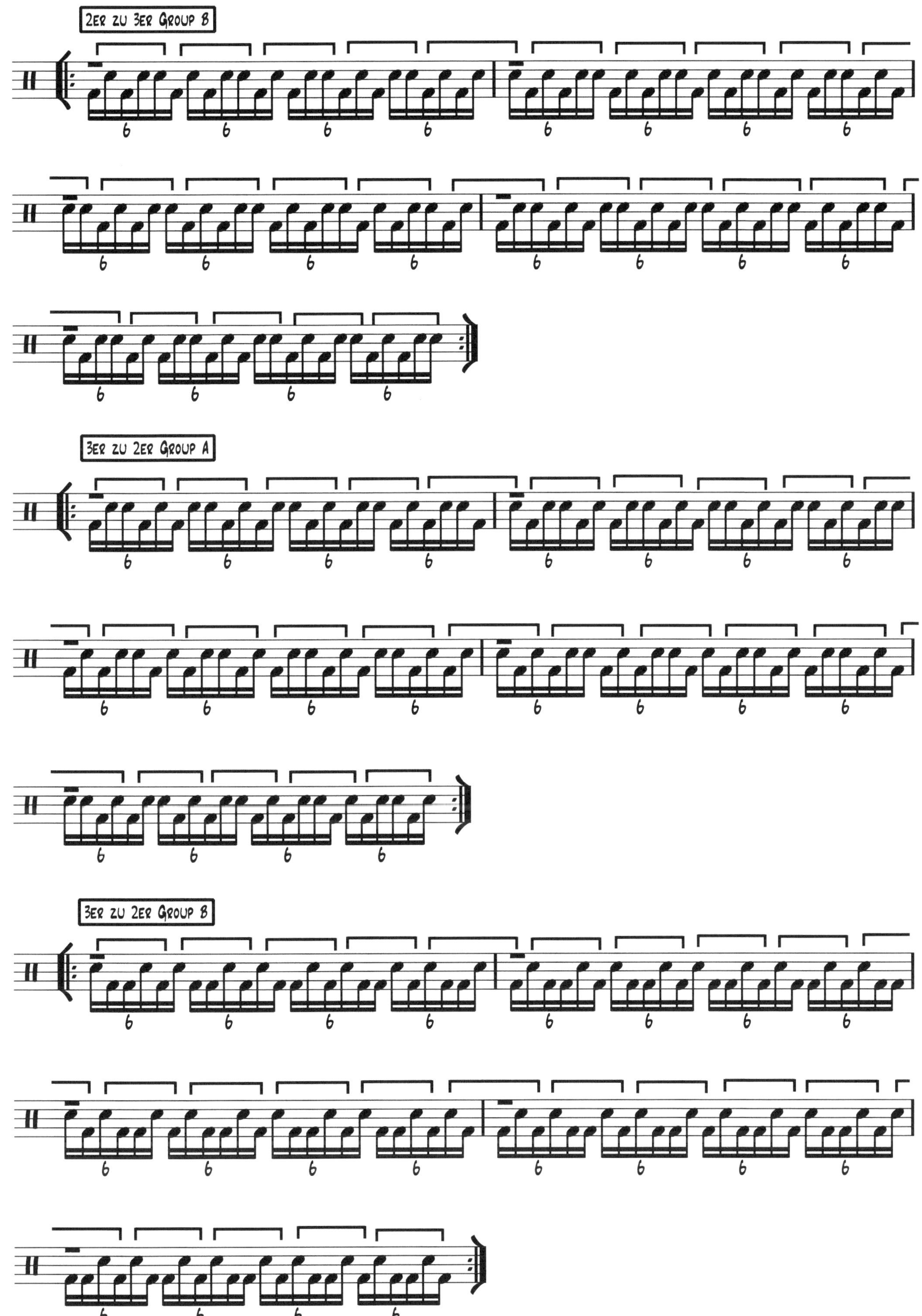

2er zu 3er Group B
3er zu 2er Group A
3er zu 2er Group B
© 2016 Thomas Stan Hemken   www.drums-online.org

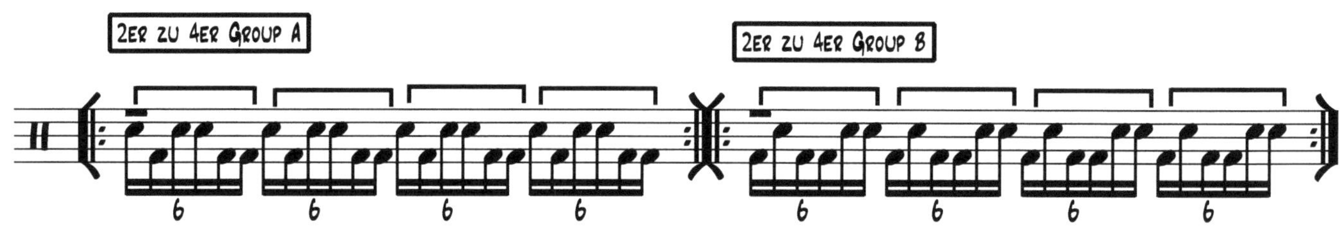
2ER ZU 4ER GROUP A
2ER ZU 4ER GROUP B

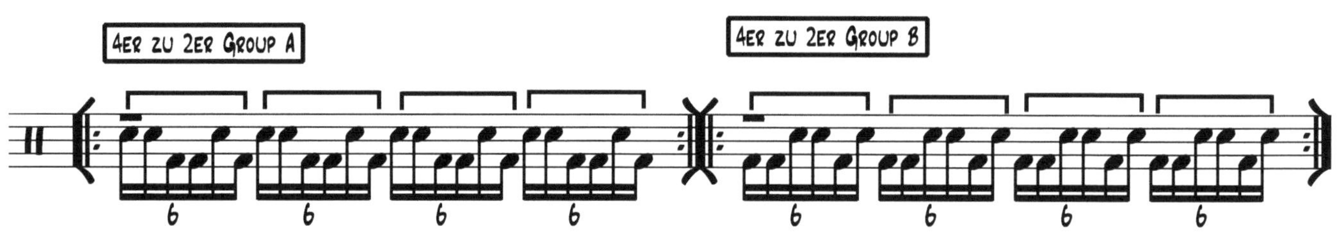
4ER ZU 2ER GROUP A
4ER ZU 2ER GROUP B

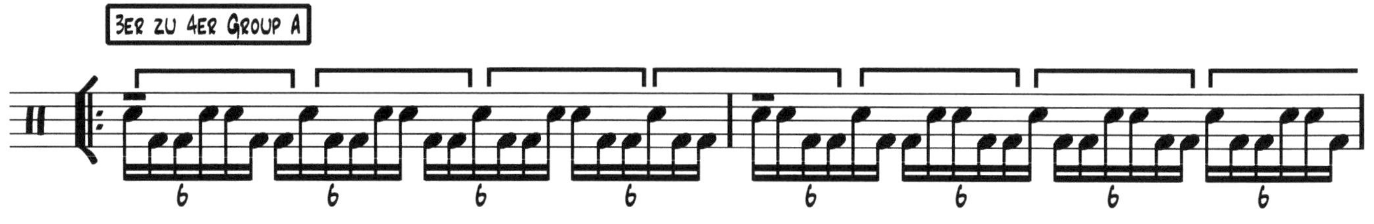
3ER ZU 4ER GROUP A

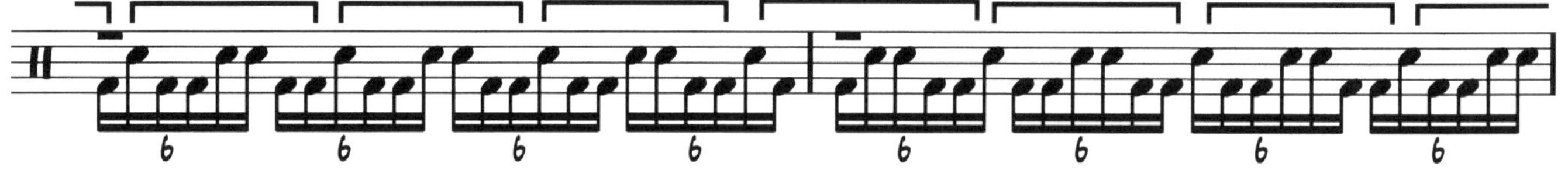

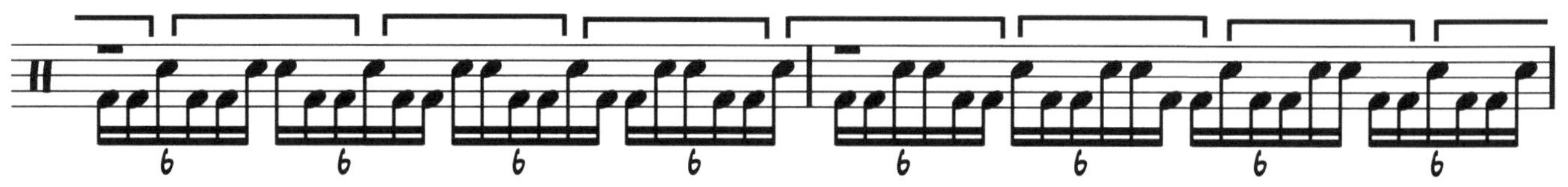

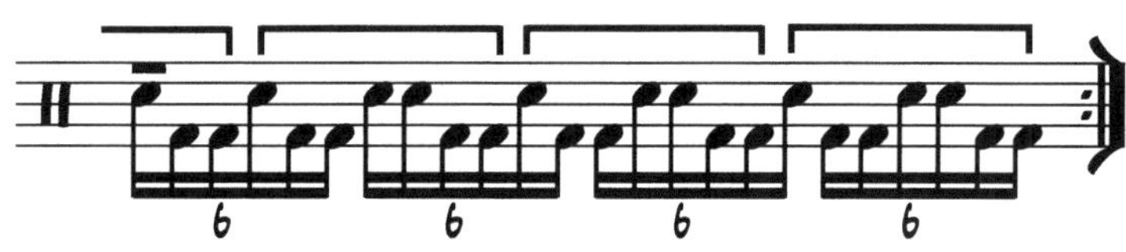

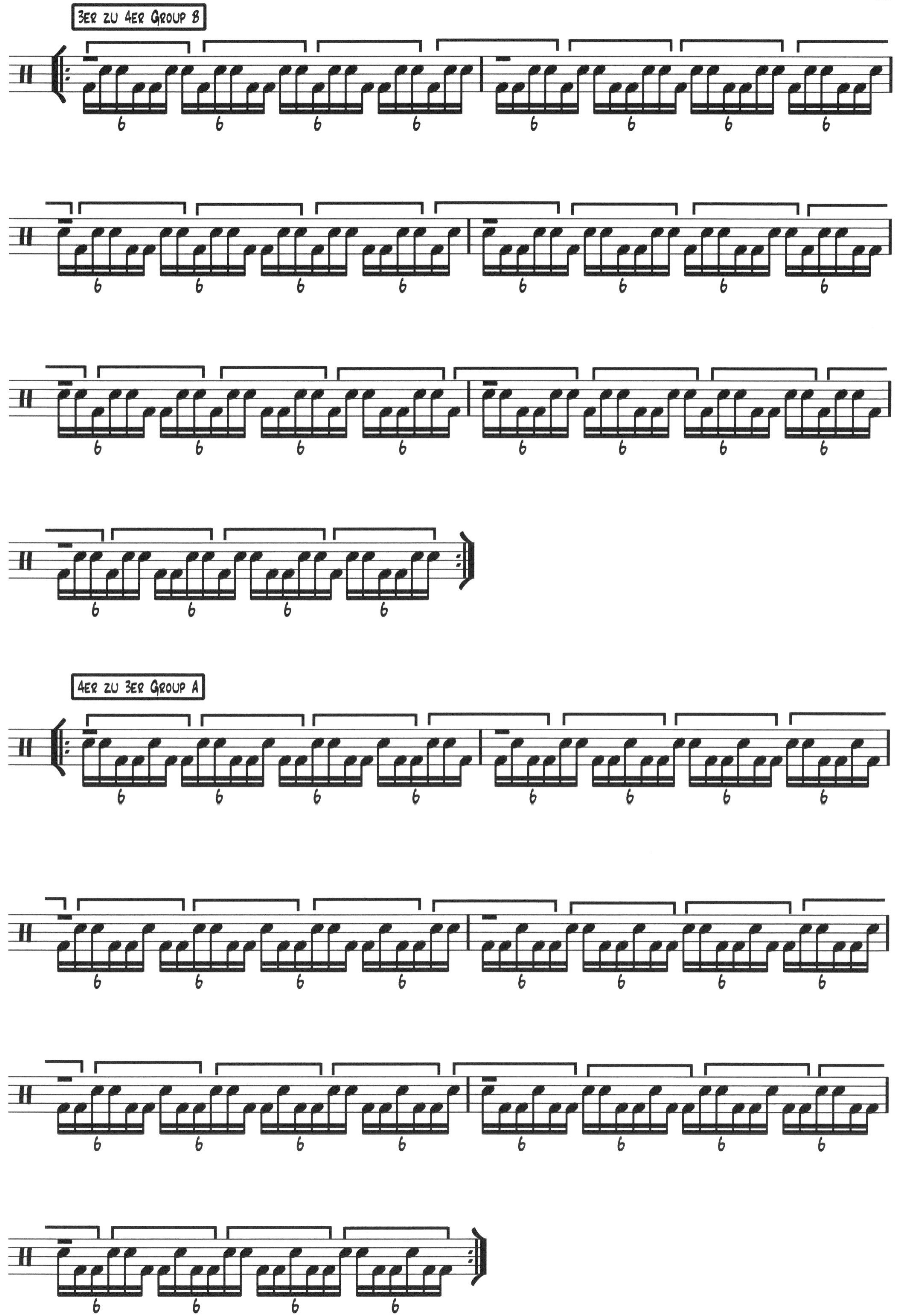
3er zu 4er Group B
4er zu 3er Group A

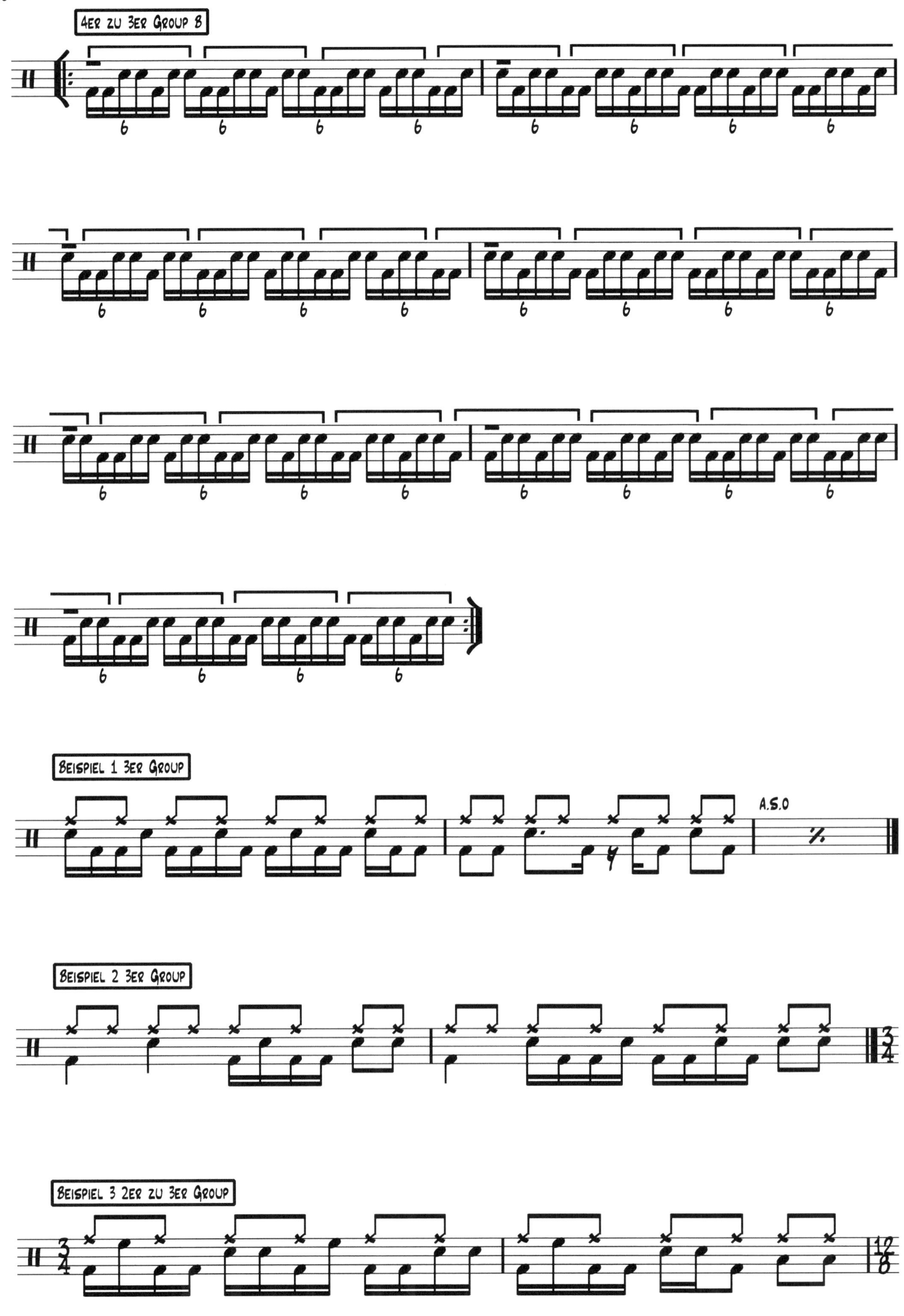
4er zu 3er Group B
Beispiel 1 3er Group
A.S.O
Beispiel 2 3er Group
Beispiel 3 2er zu 3er Group

Walking Groups Ternär 1/8

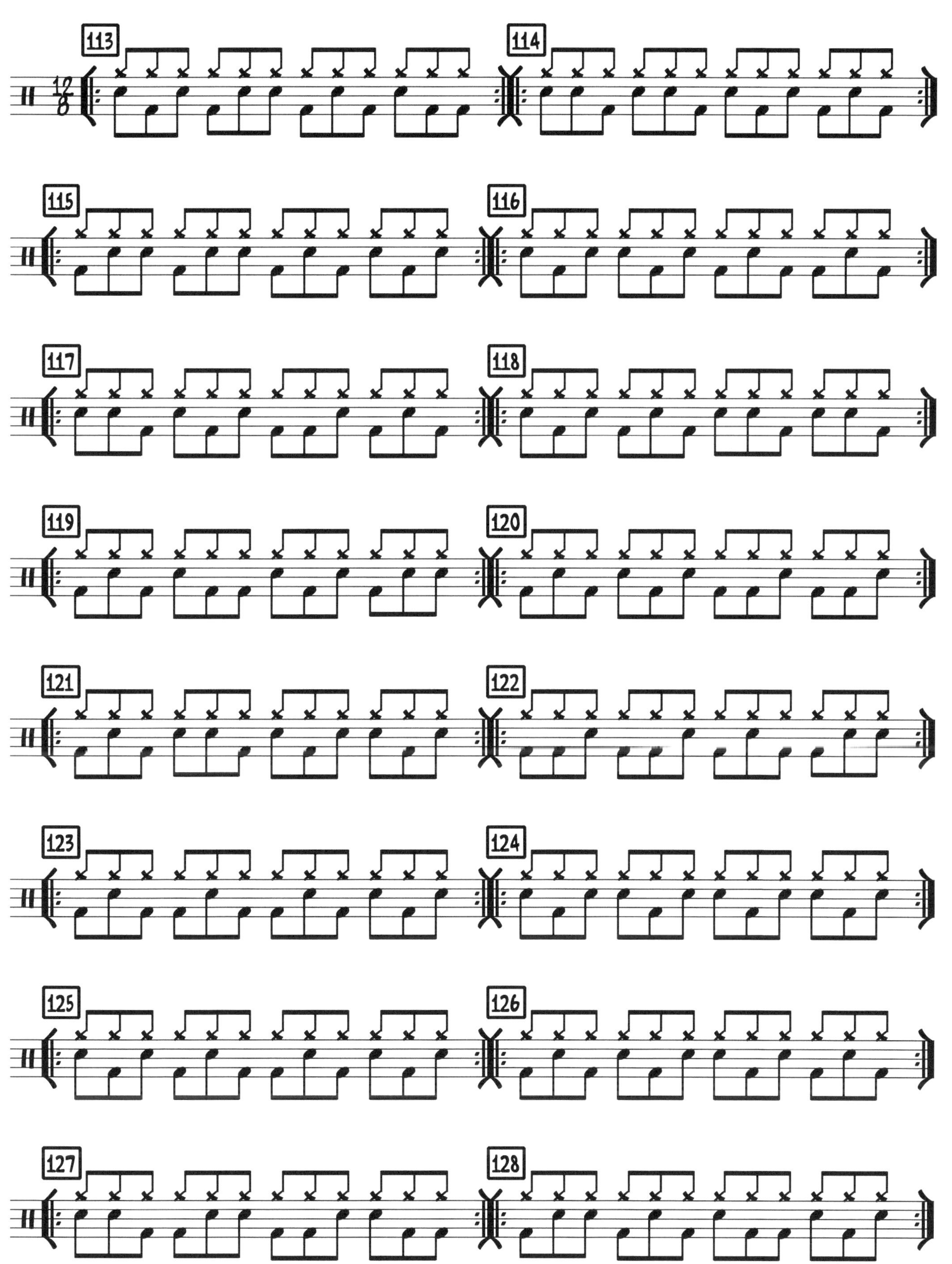

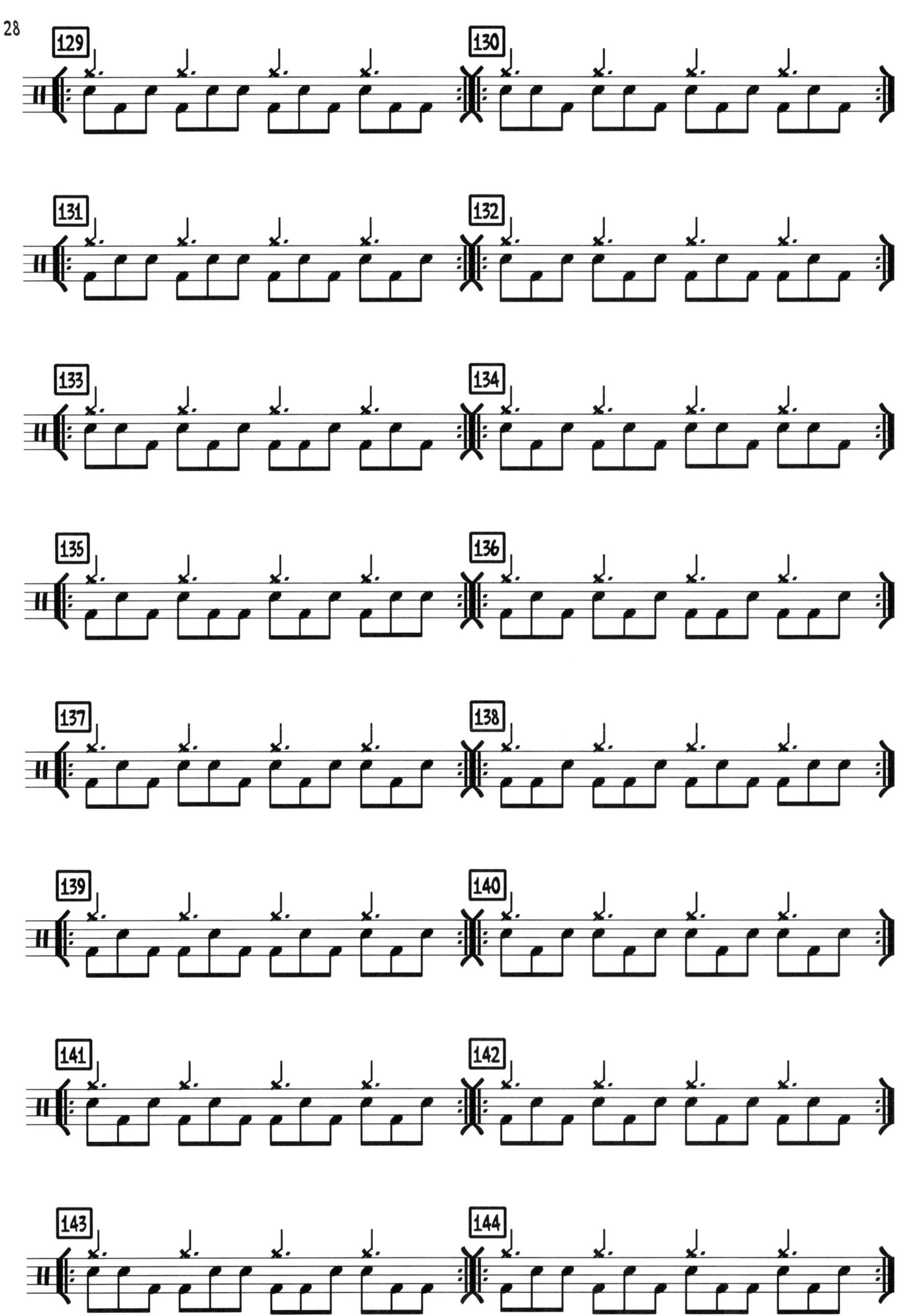

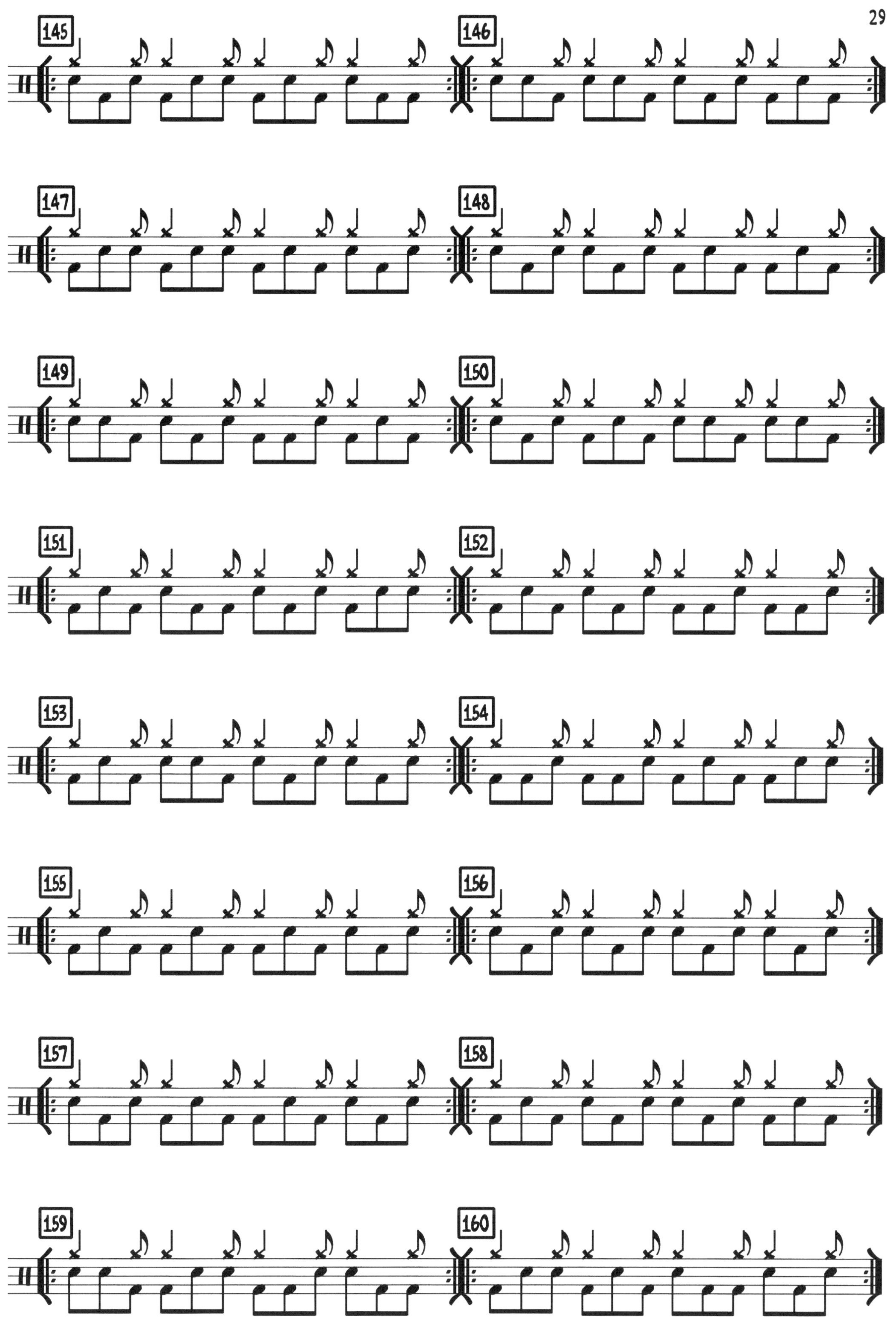

30

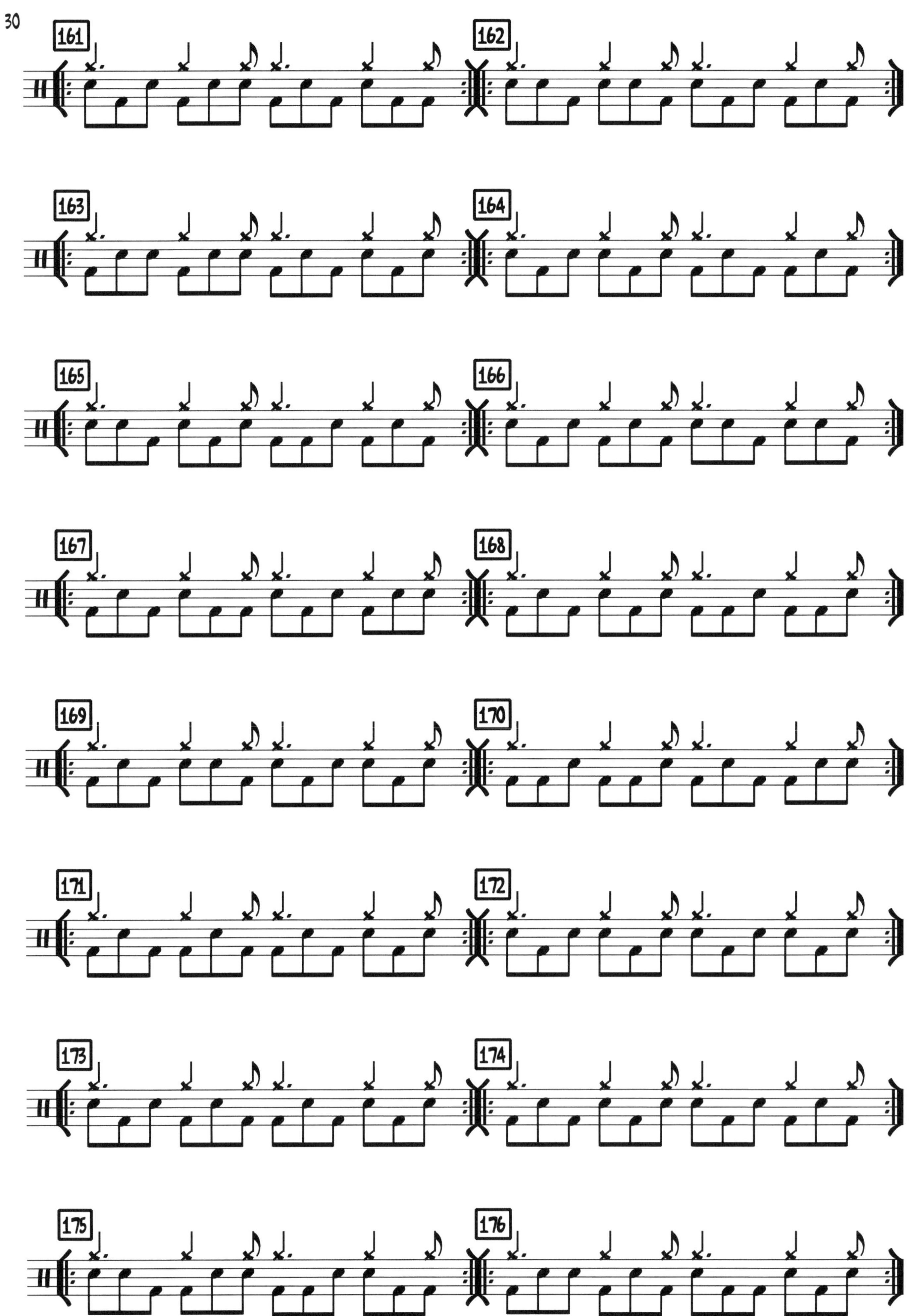

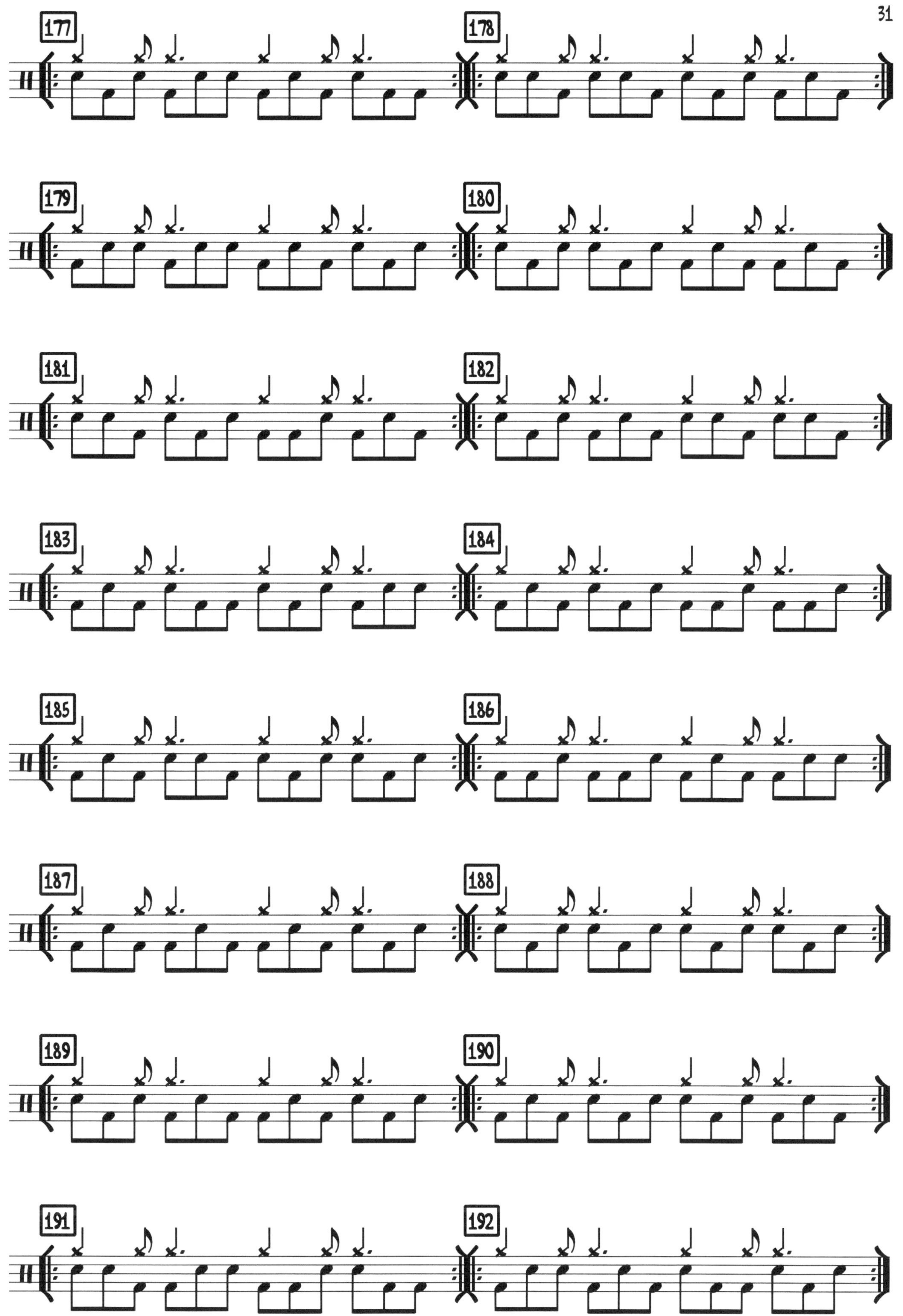

32

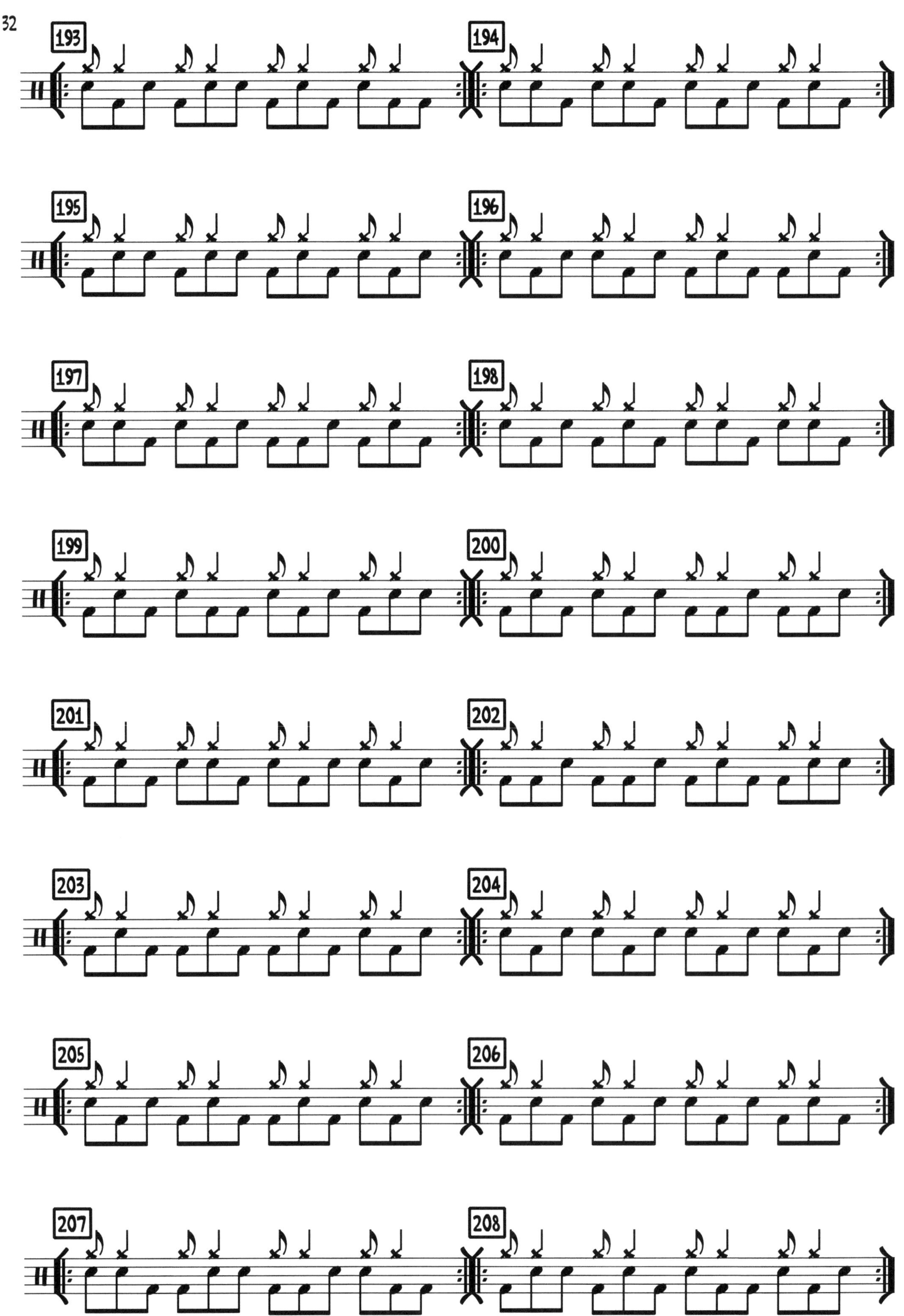

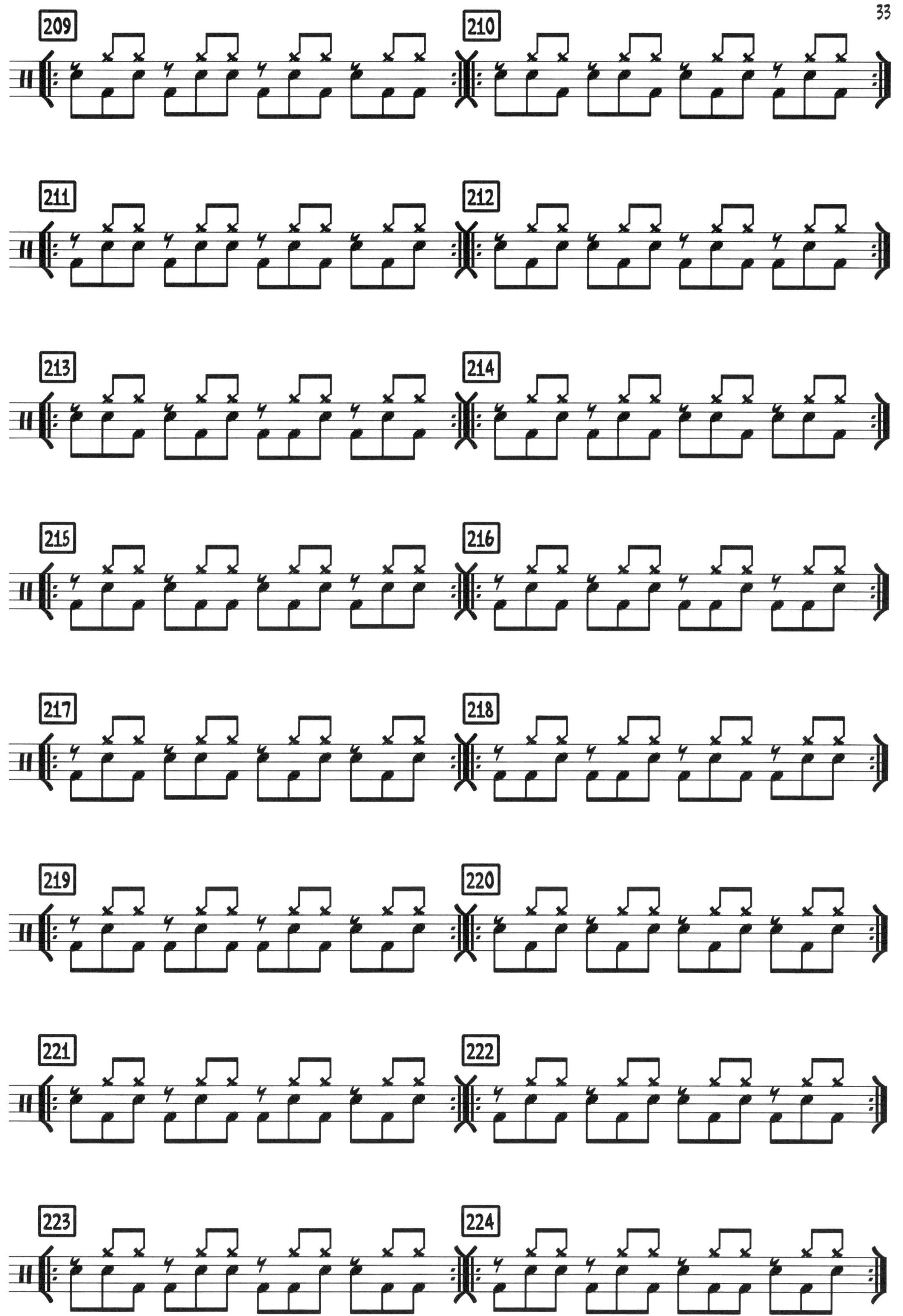

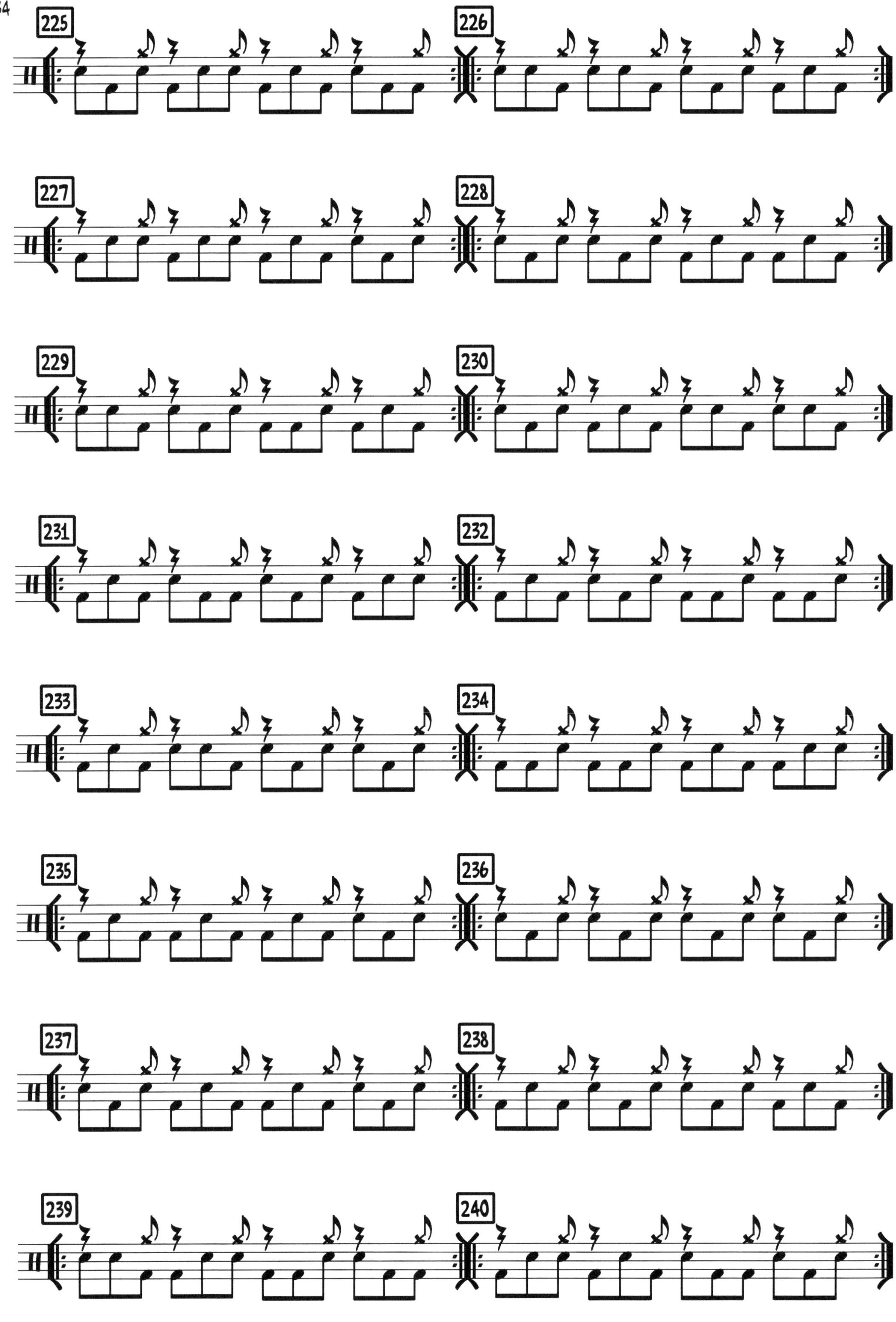
225
226
227
228
229
230
231
232
233
234
235
236
237
238
239
240

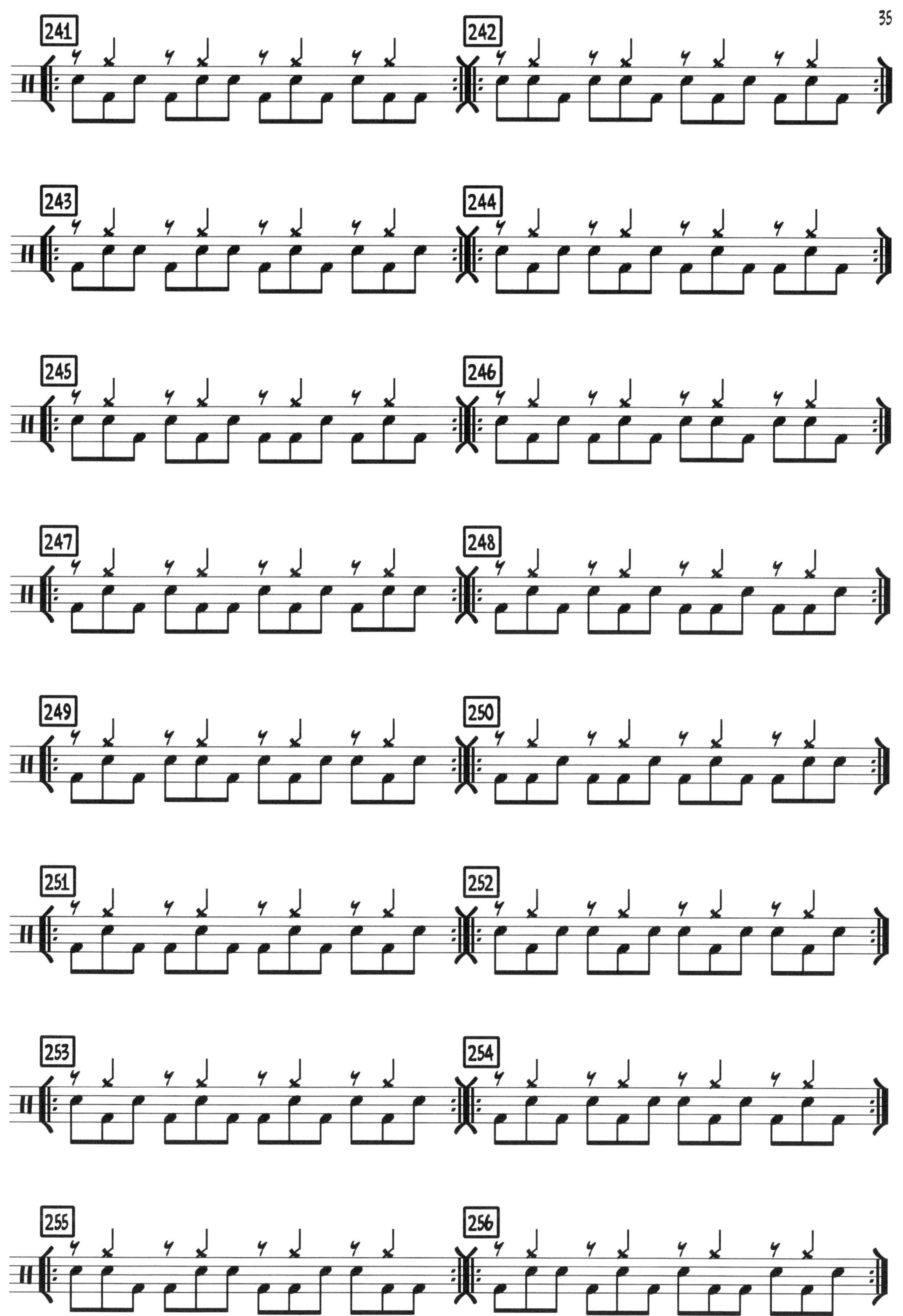

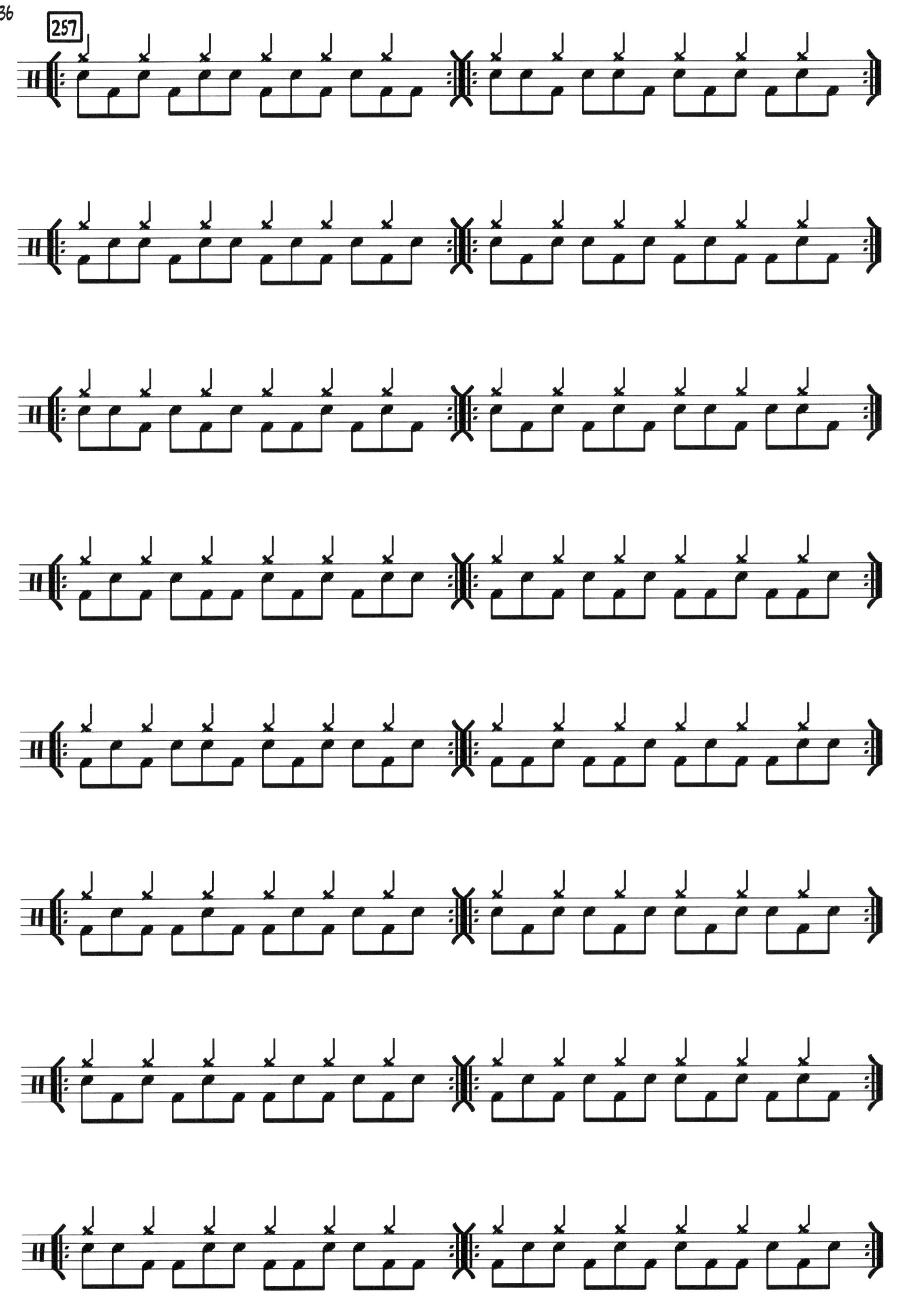

257

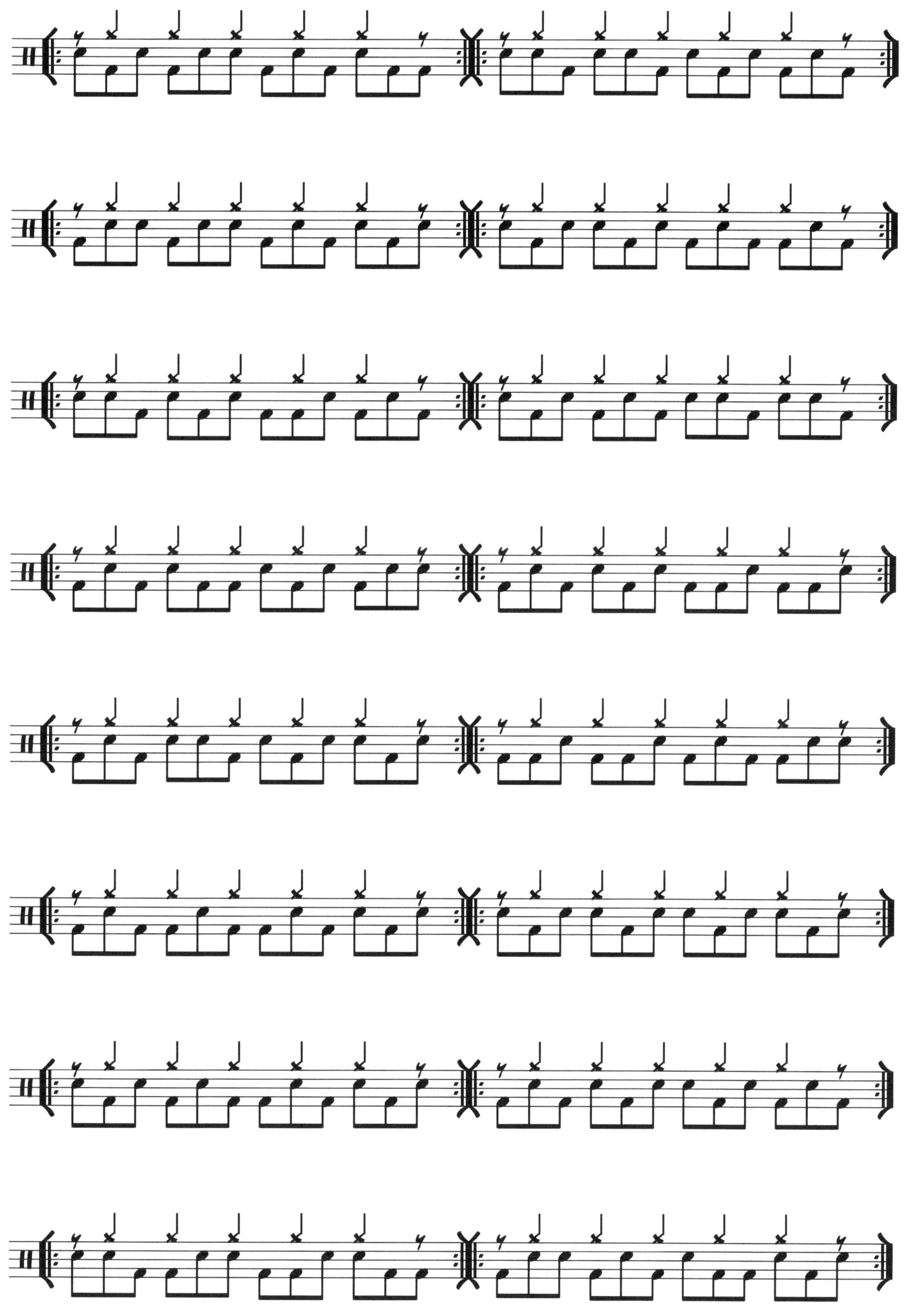

Walking Grooves Ternär 1/16

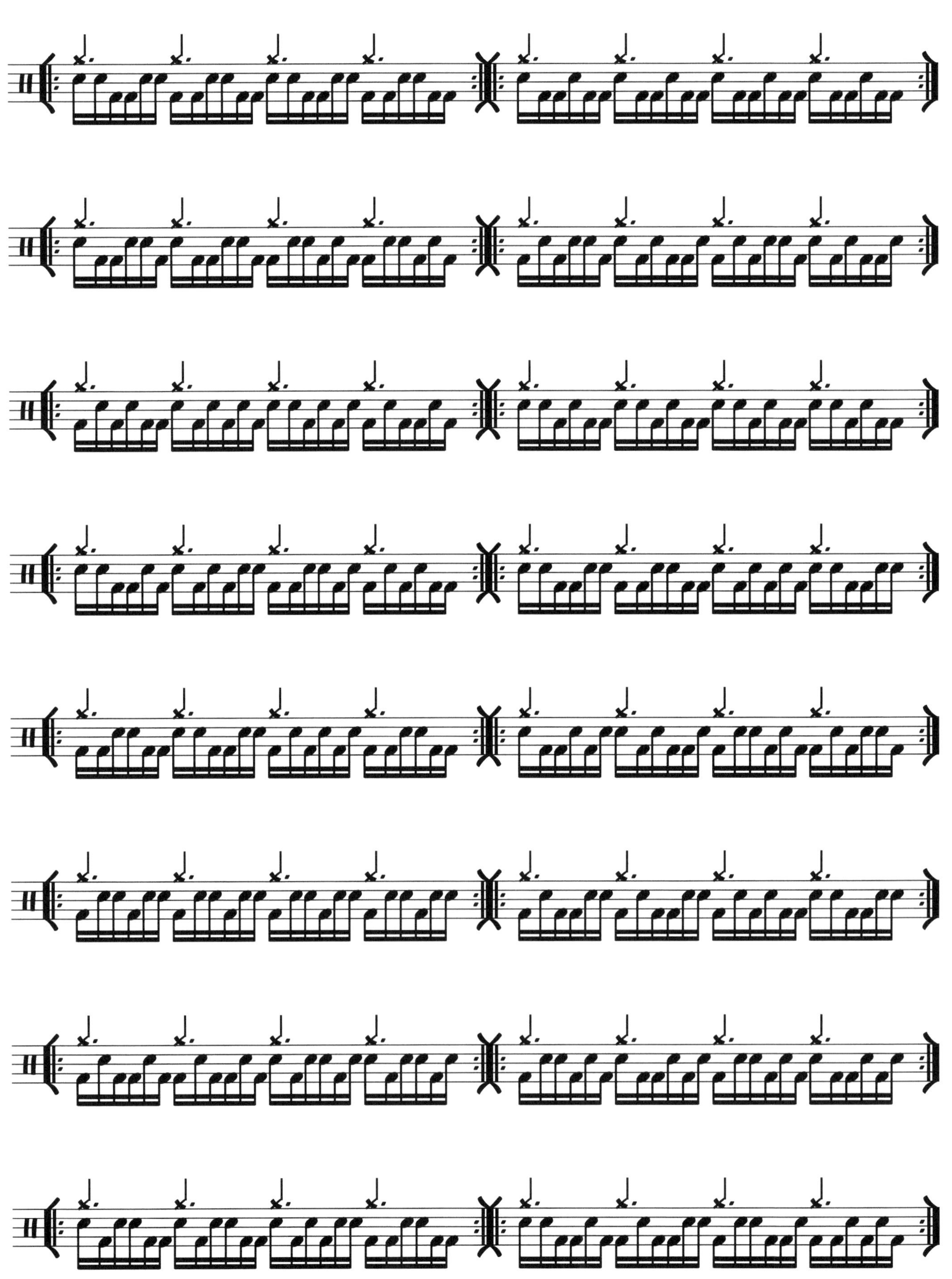

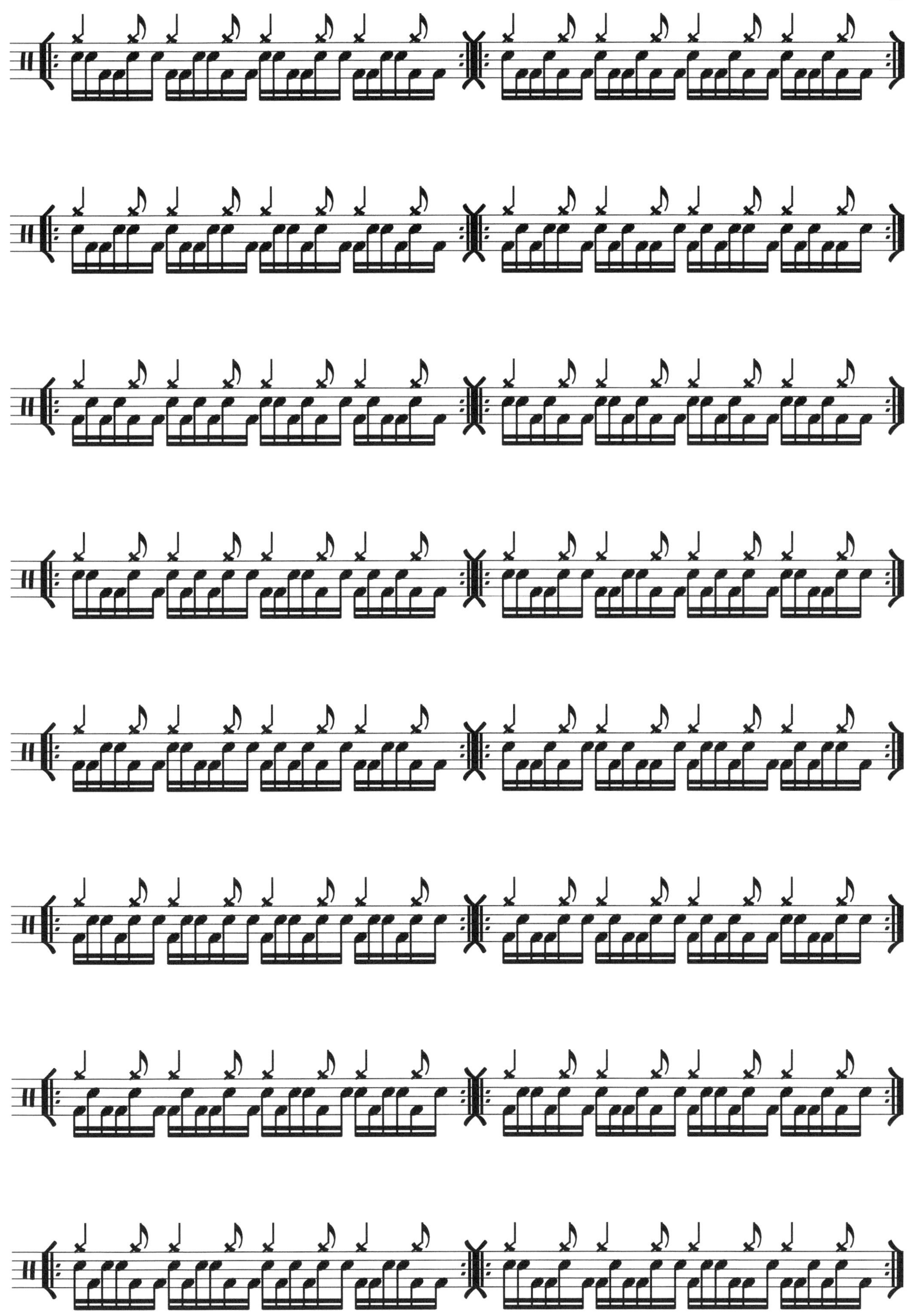

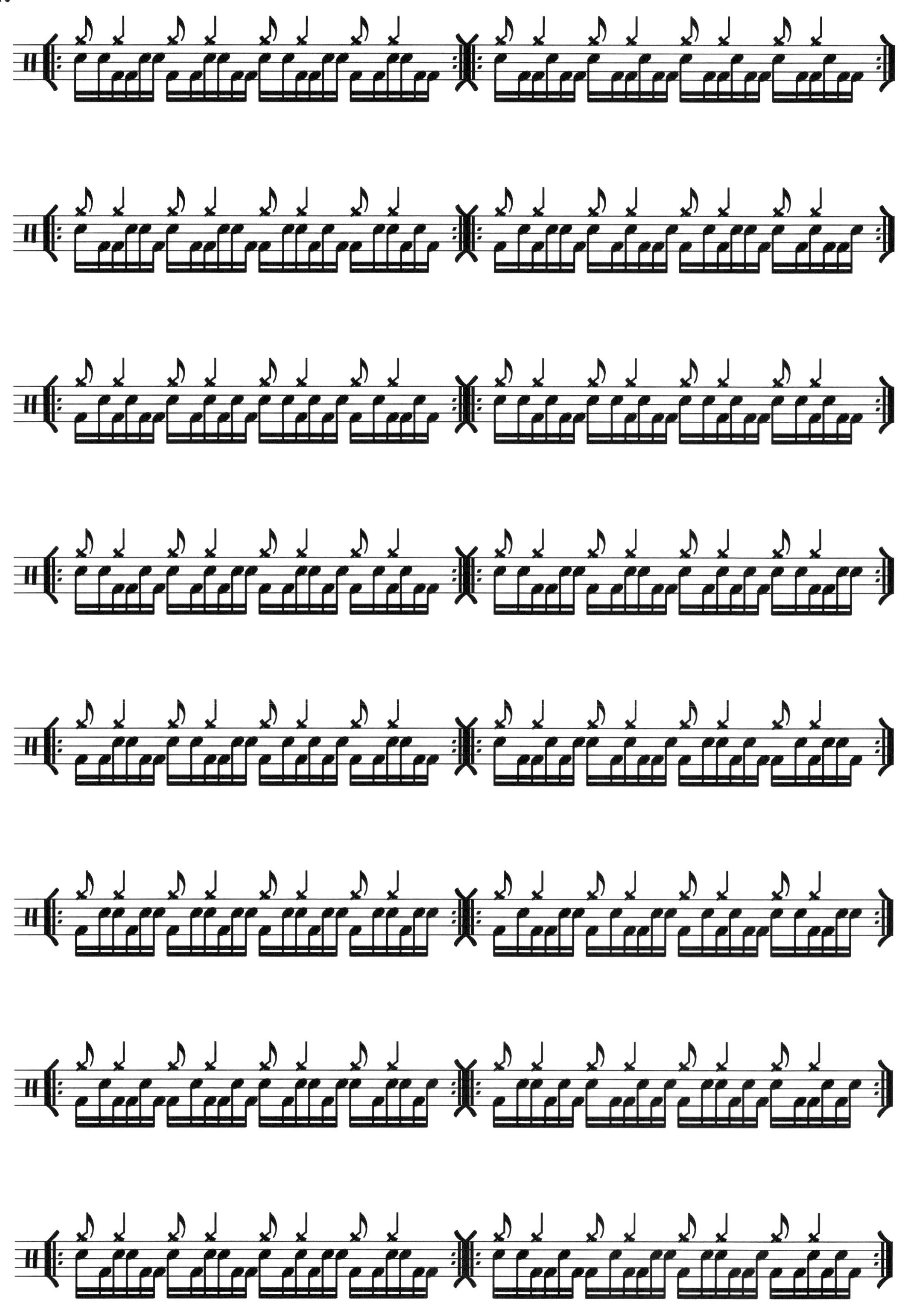

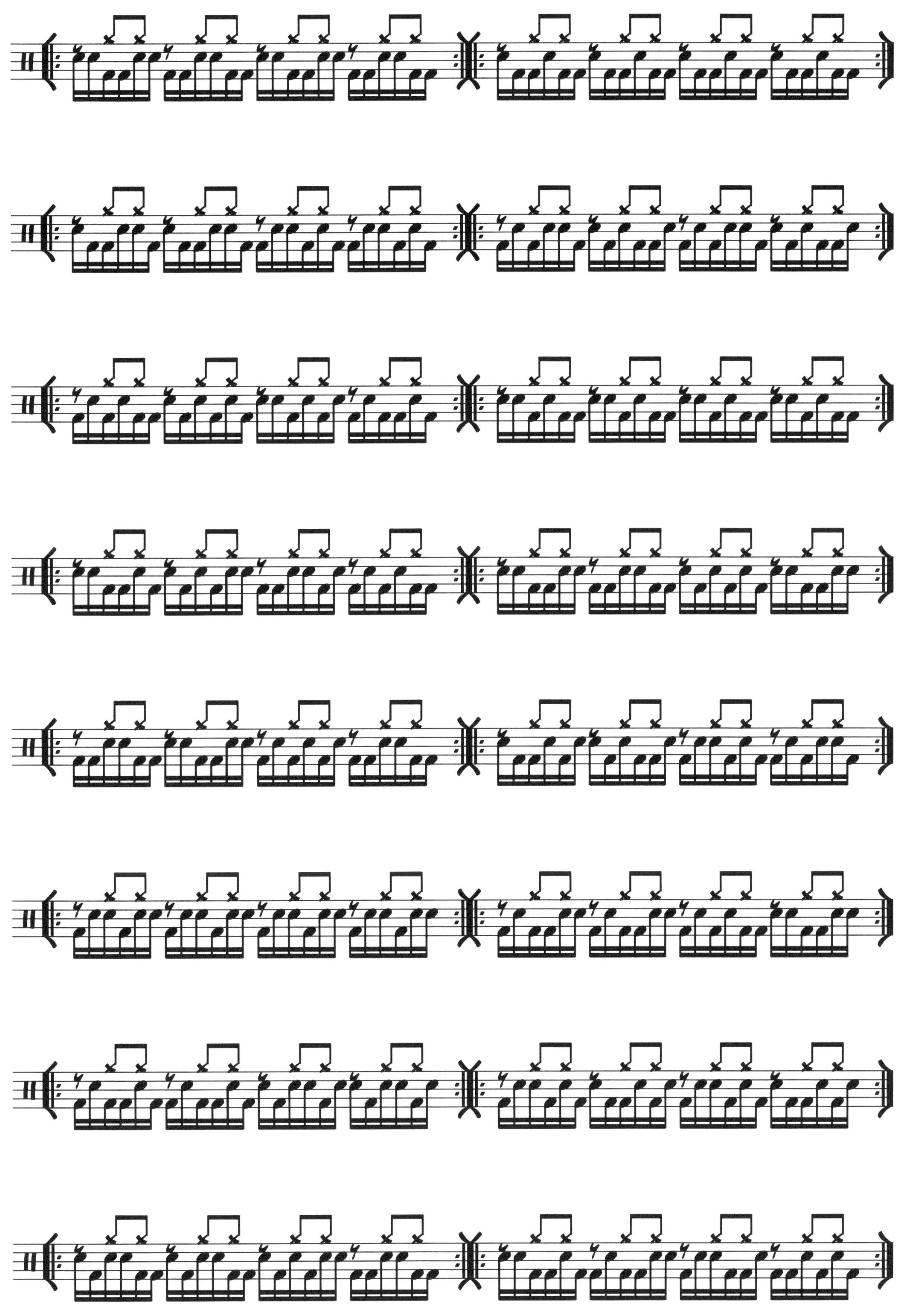

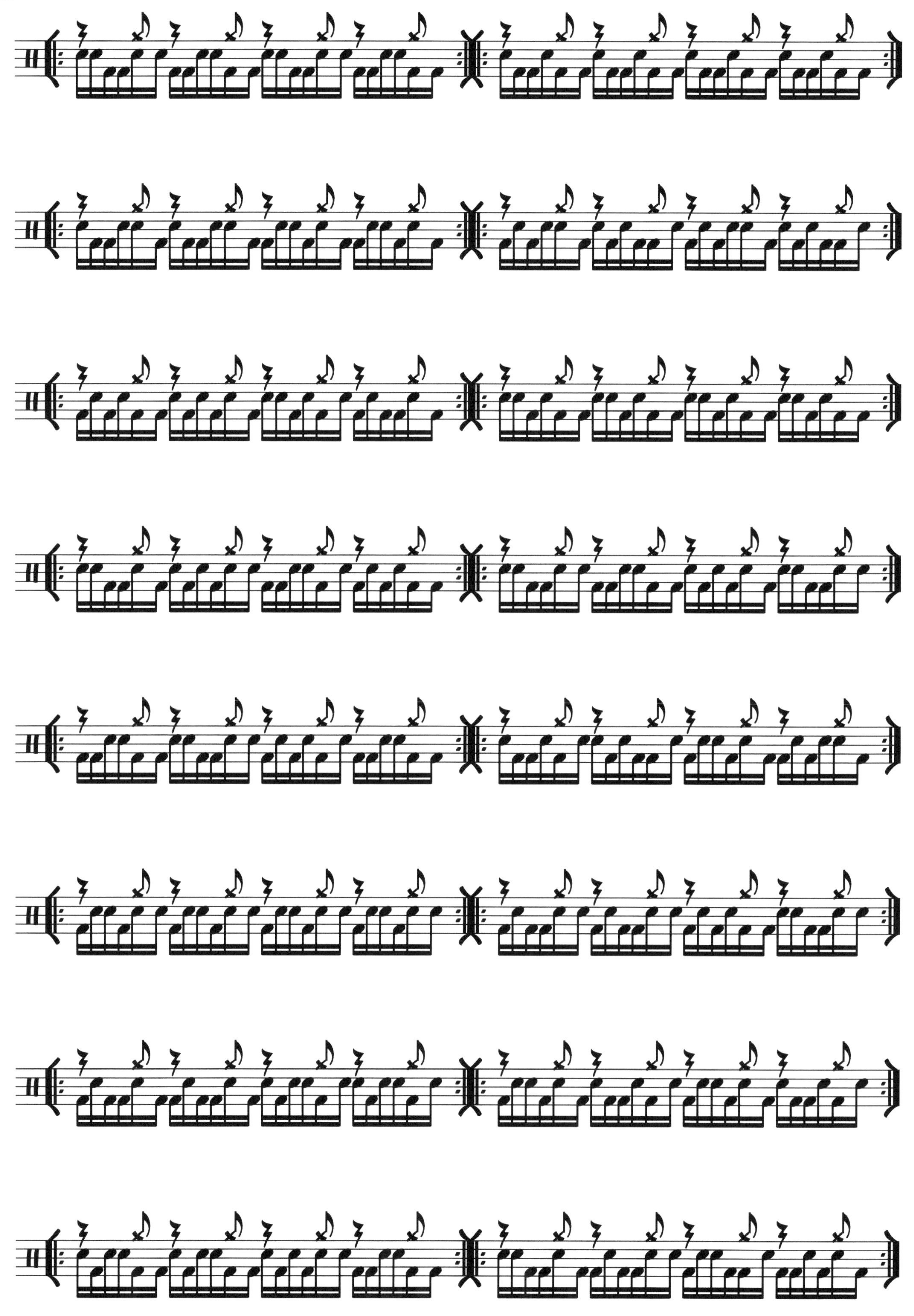

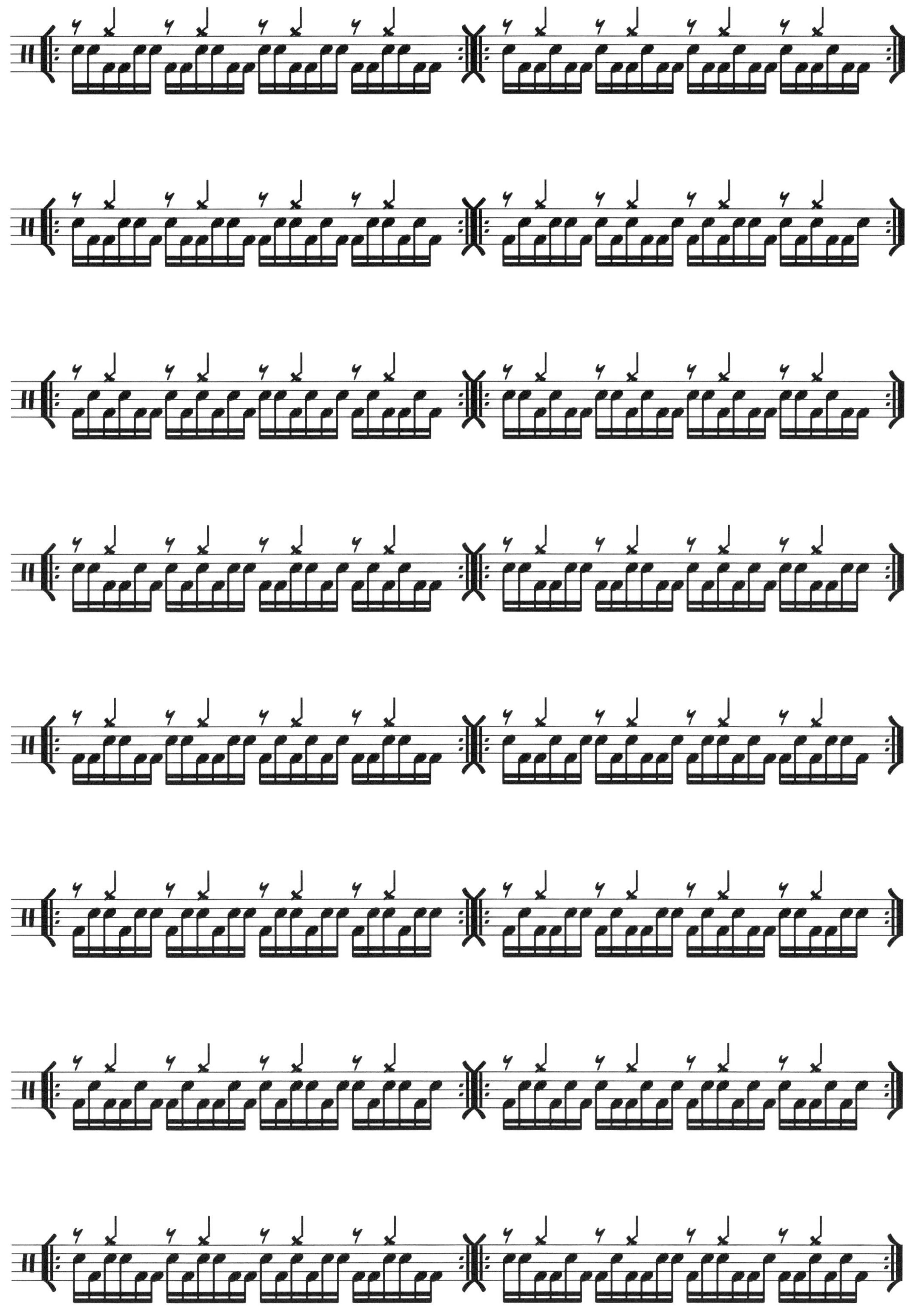

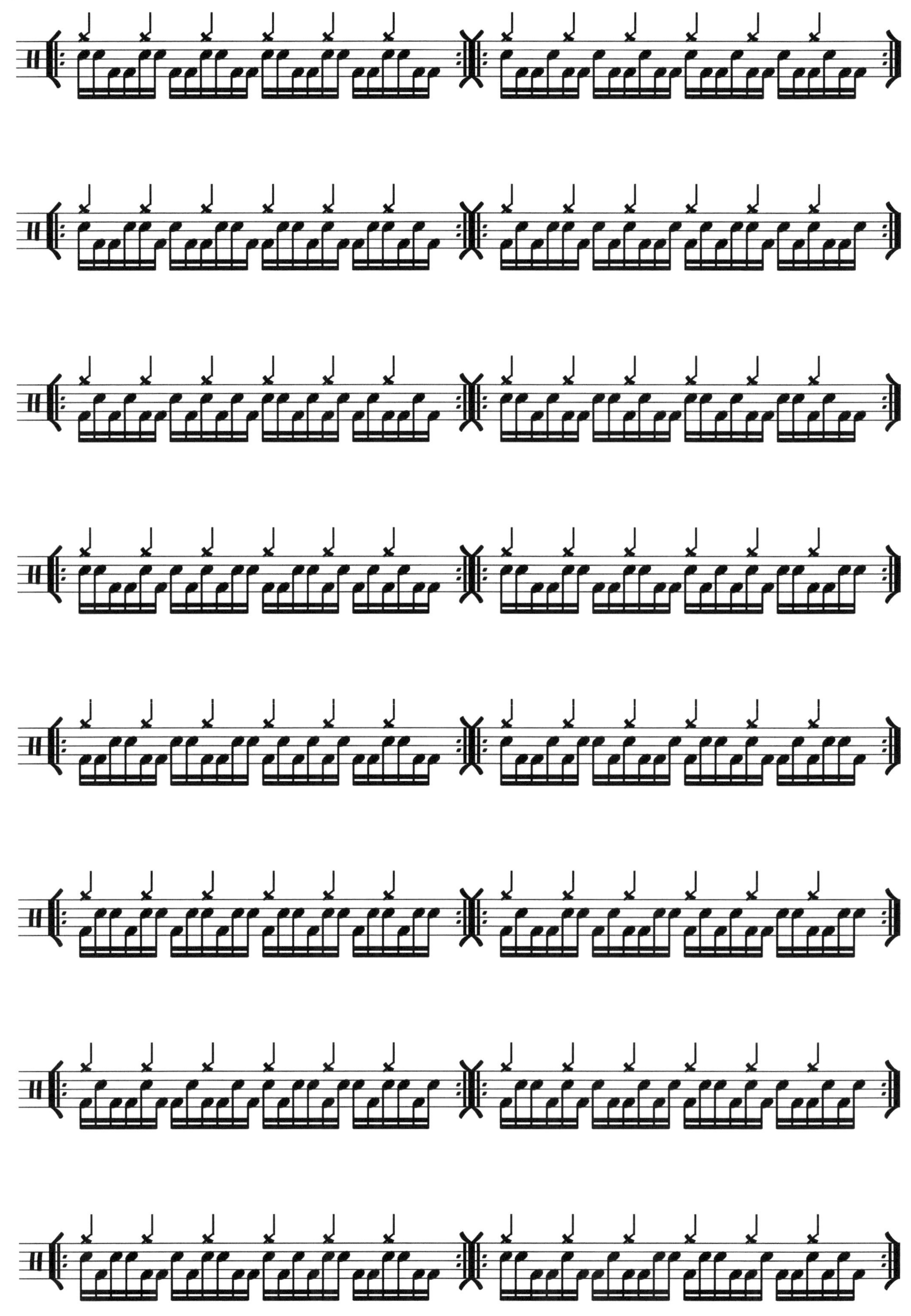

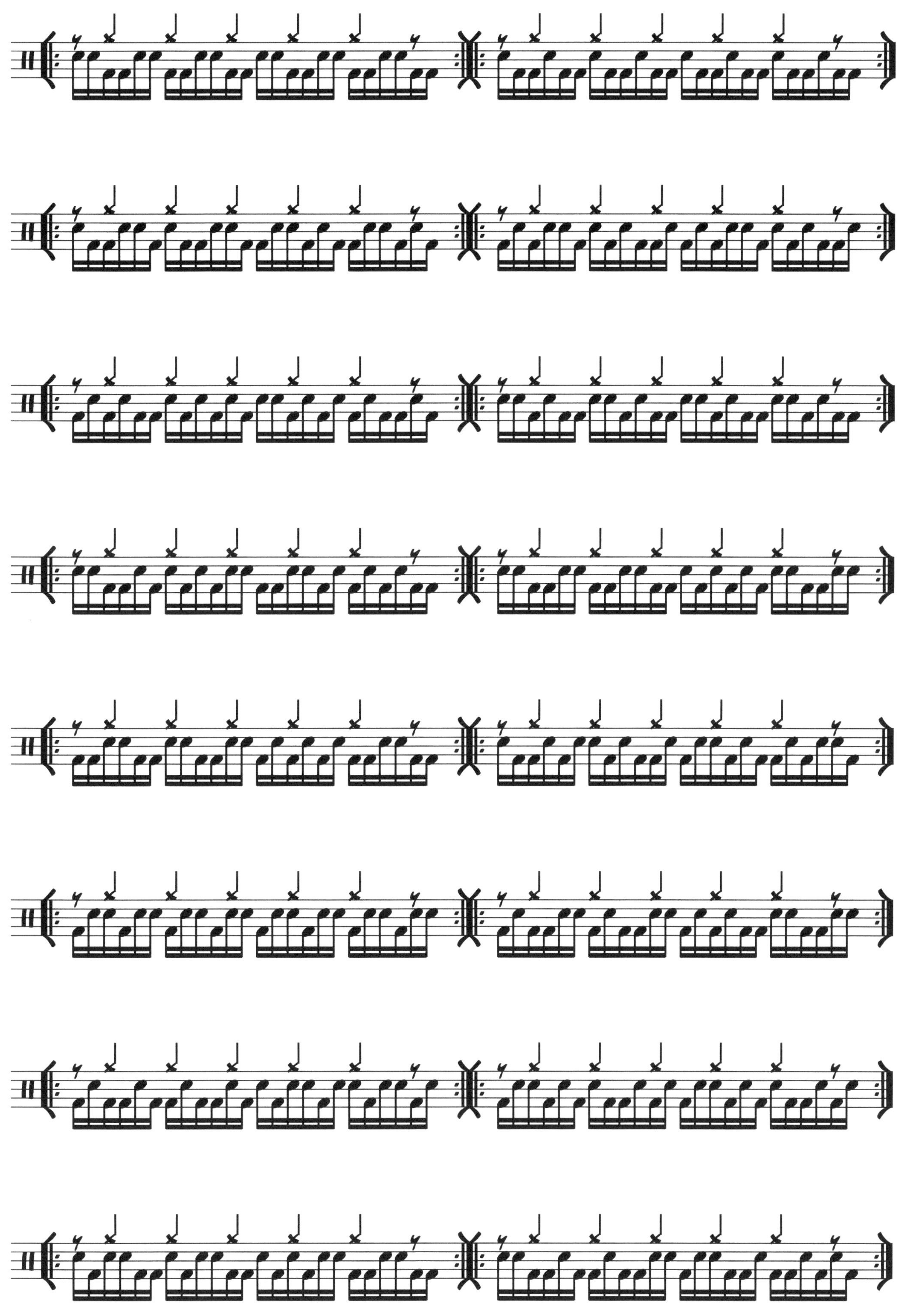

Praxis, Kreativer Umgang, Improvisation

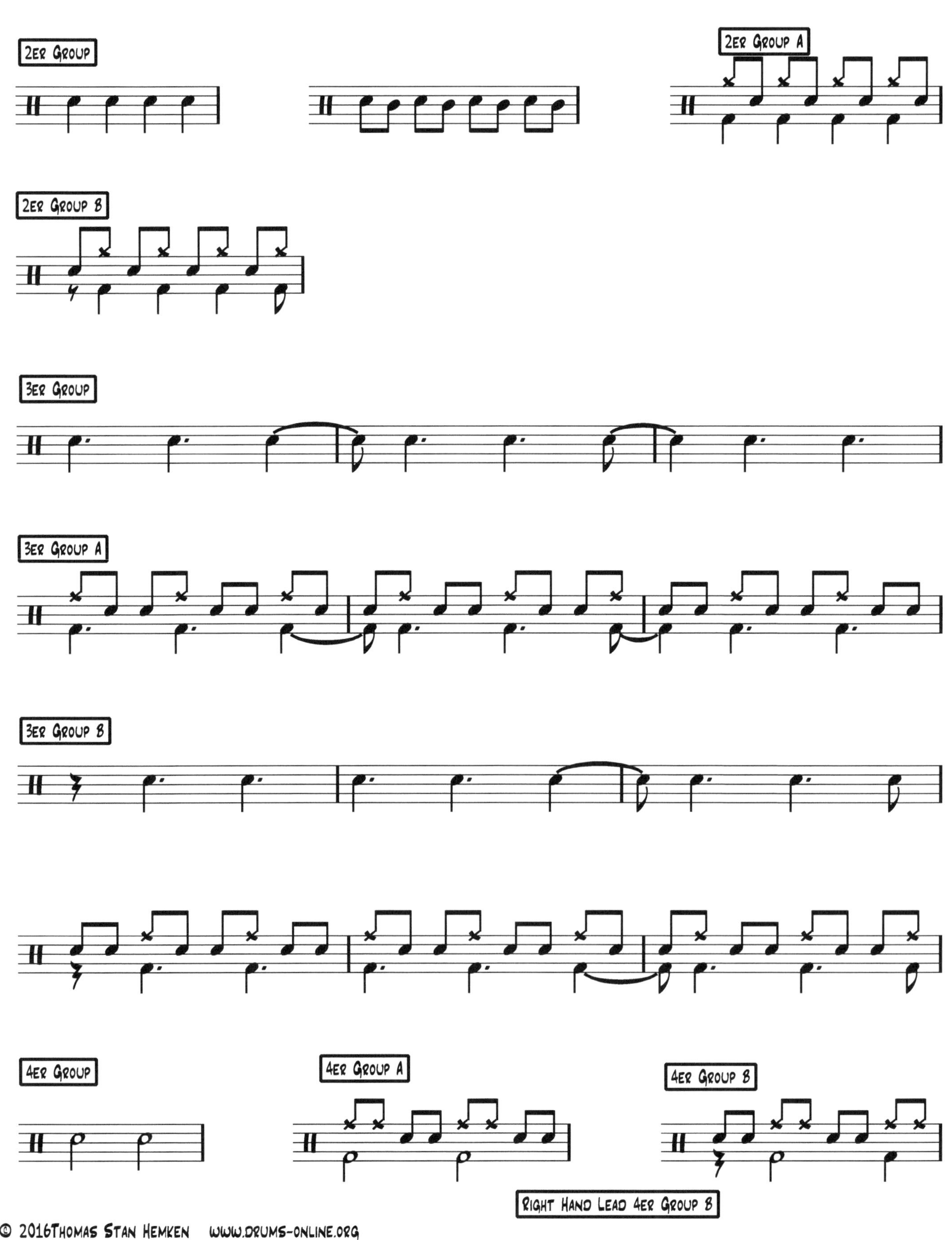

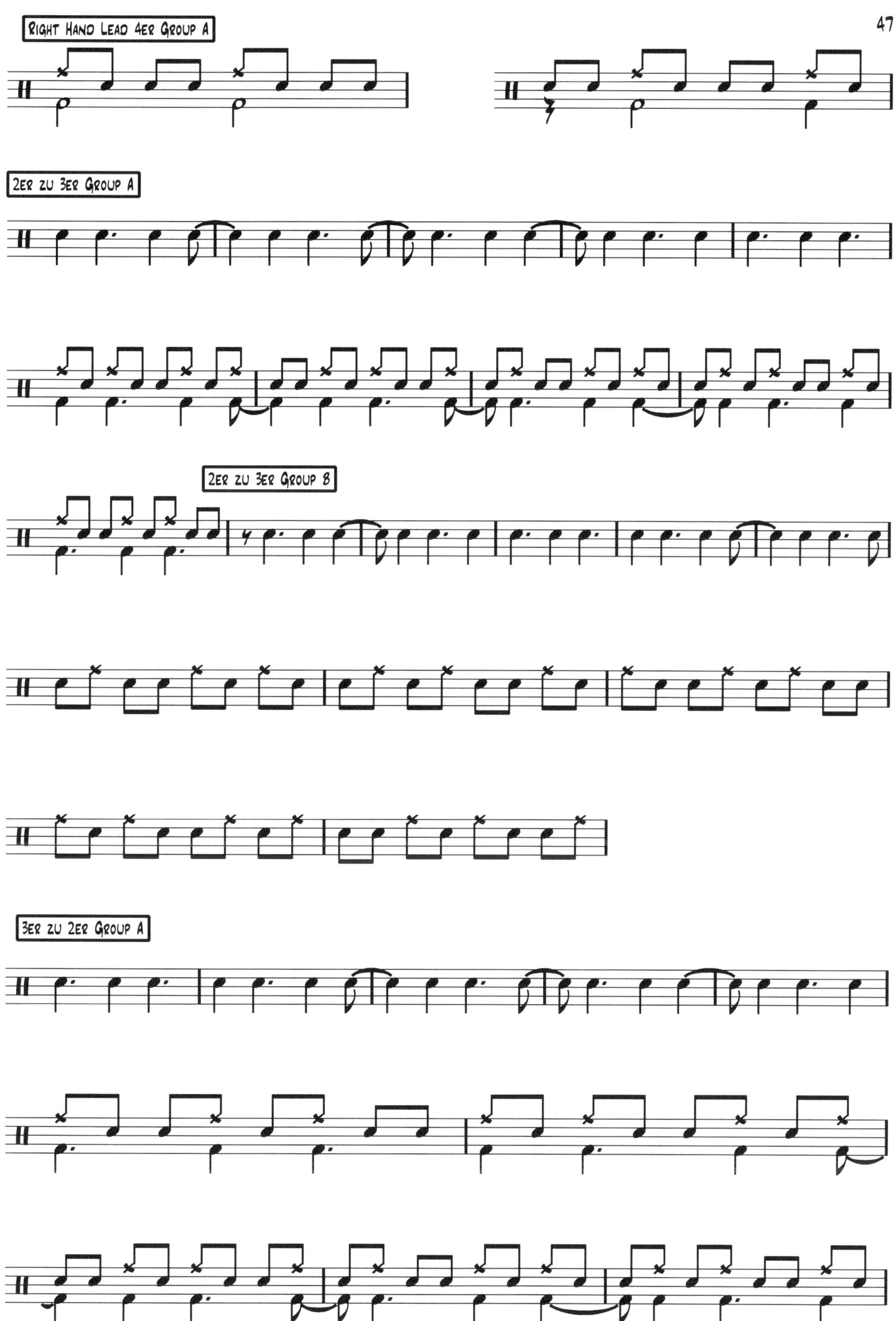

Right Hand Lead 4er Group A
2er zu 3er Group A
2er zu 3er Group B
3er zu 2er Group A
47
© 2016 Thomas Stan Hemken   www.drums-online.org

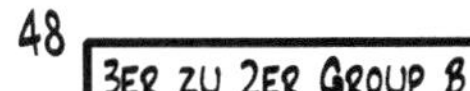

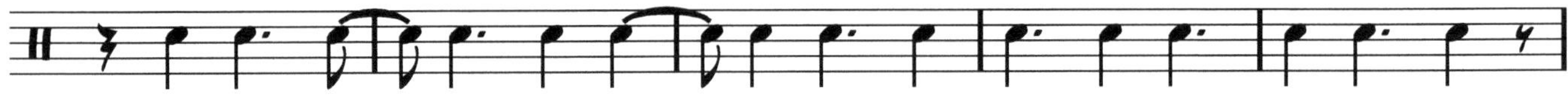

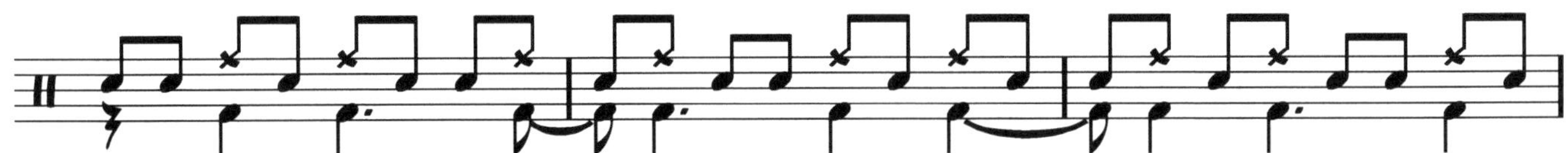

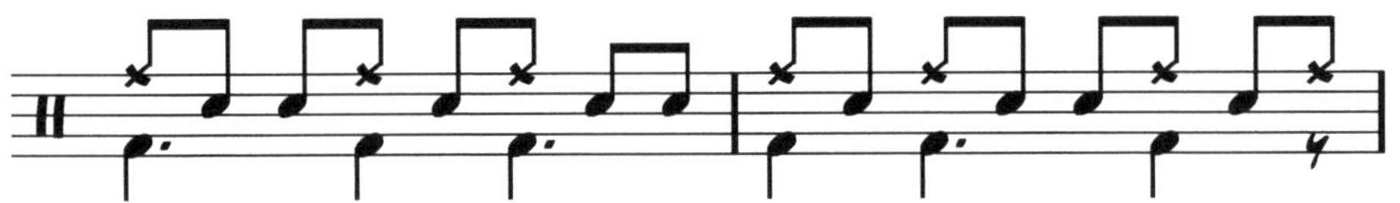

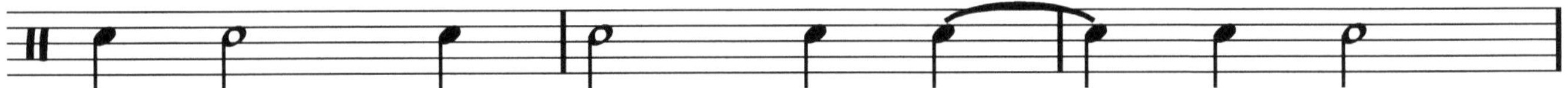

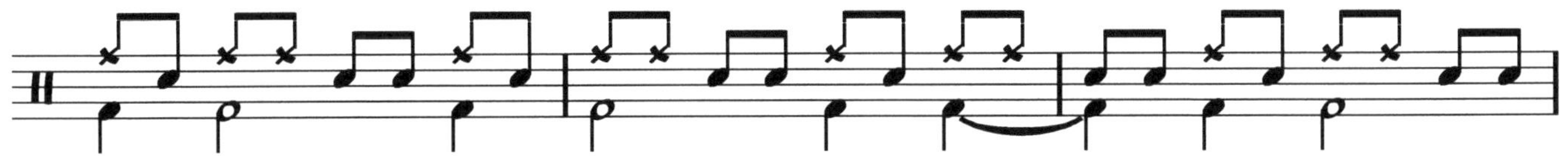

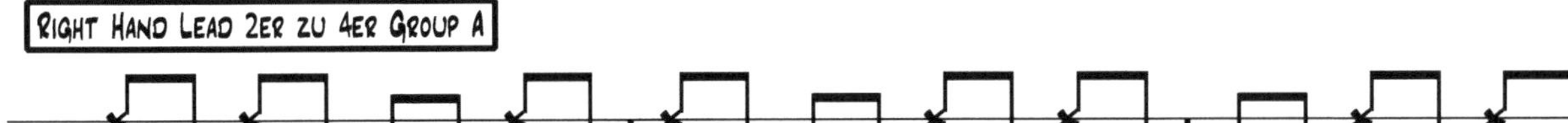

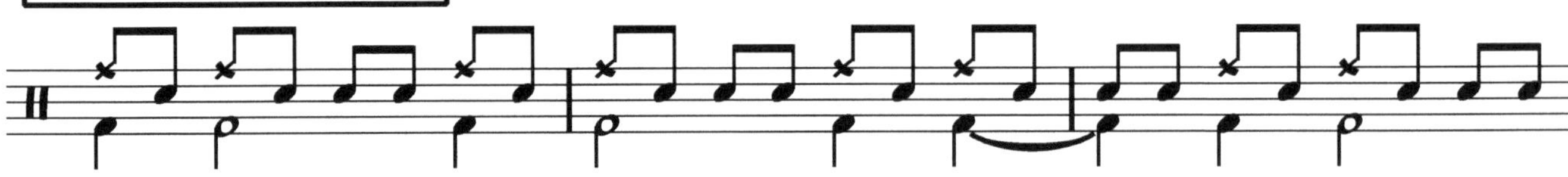

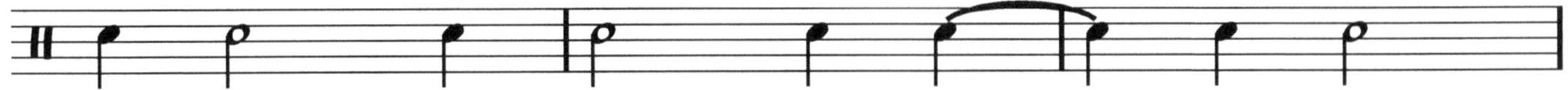

Material ist gleich, nur der Handsatz wird gedreht! Dadurch ergibt sich dann folgendes:

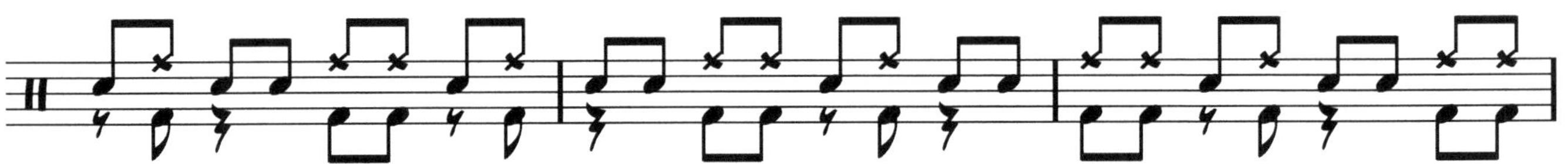

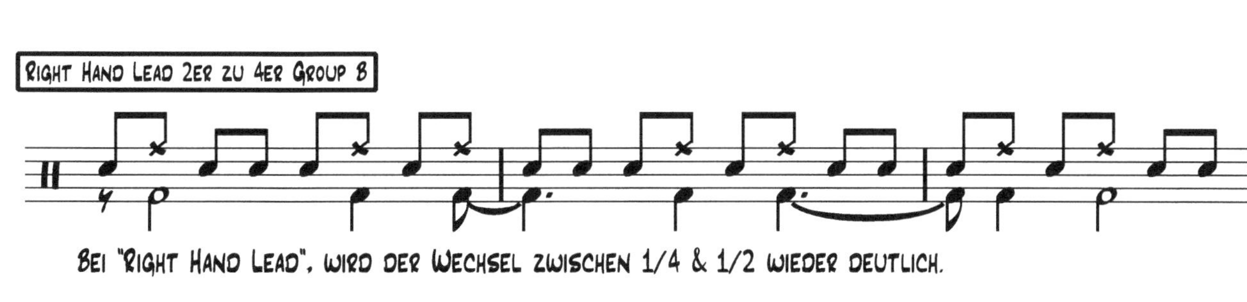

Bei "Right Hand Lead", wird der Wechsel zwischen 1/4 & 1/2 wieder deutlich.

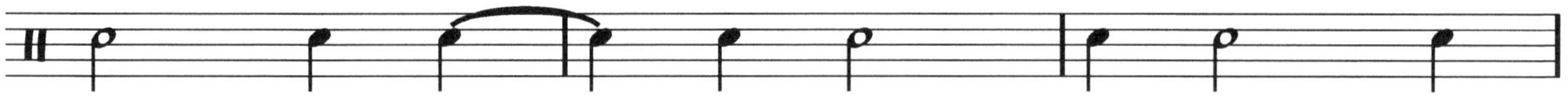

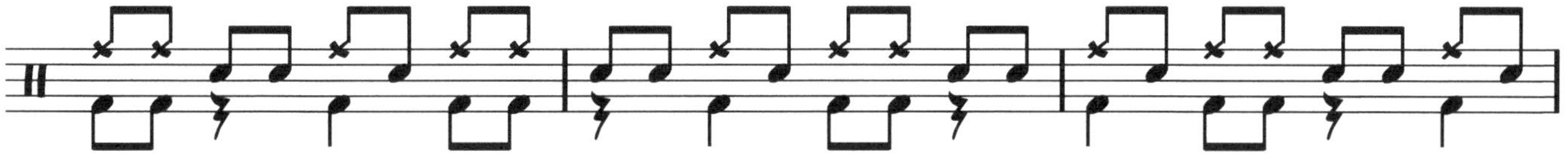

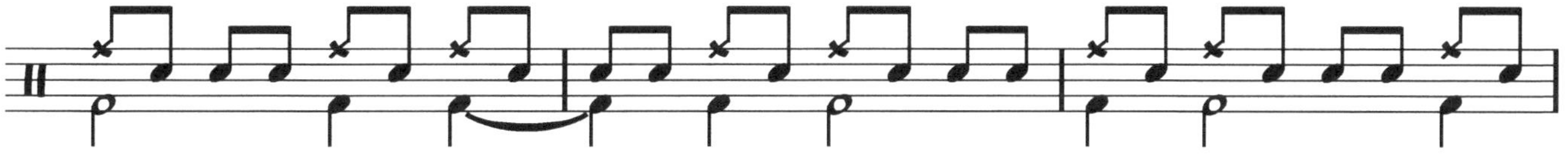

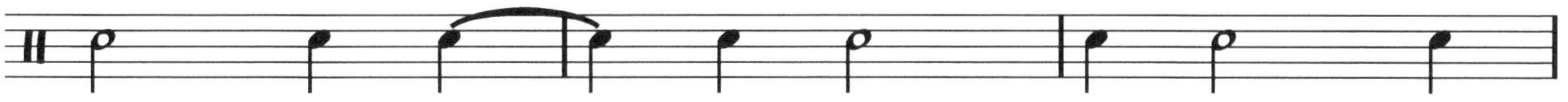

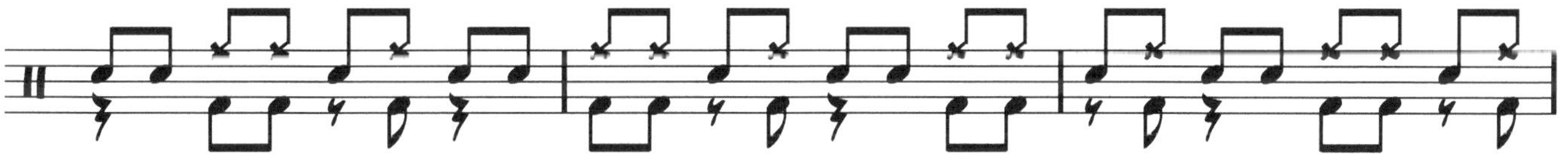

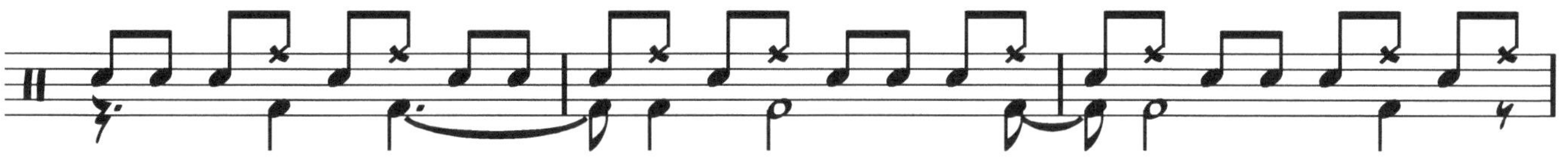

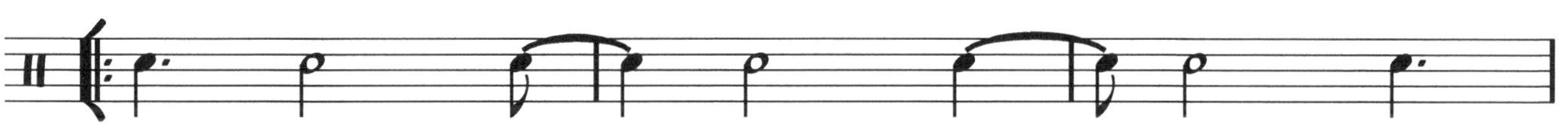

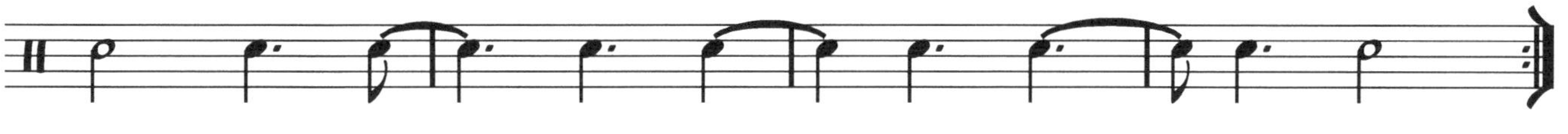

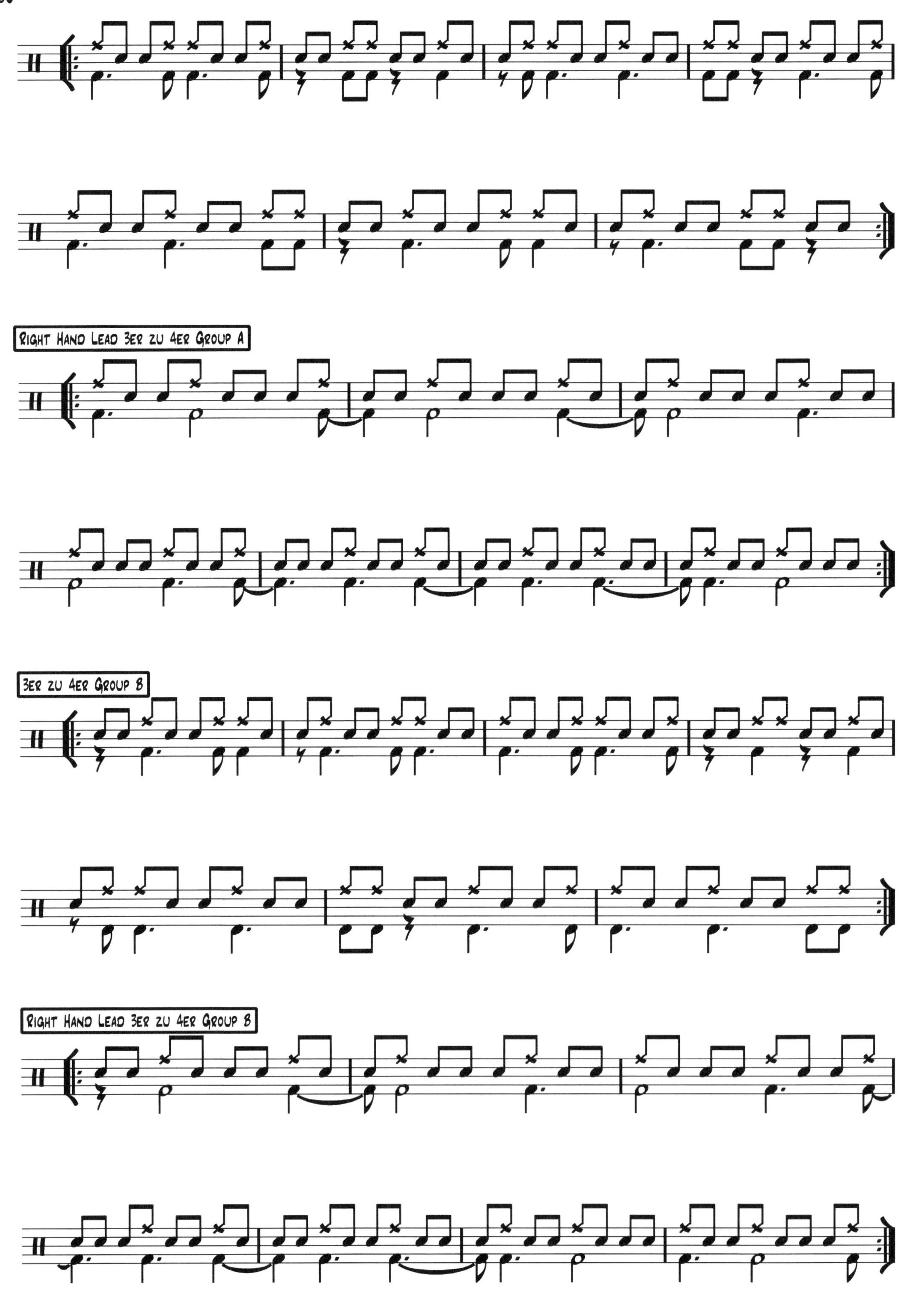
Right Hand Lead 3er zu 4er Group A
3er zu 4er Group B
Right Hand Lead 3er zu 4er Group B

Anwendung in der Praxis
z.B. Big Band

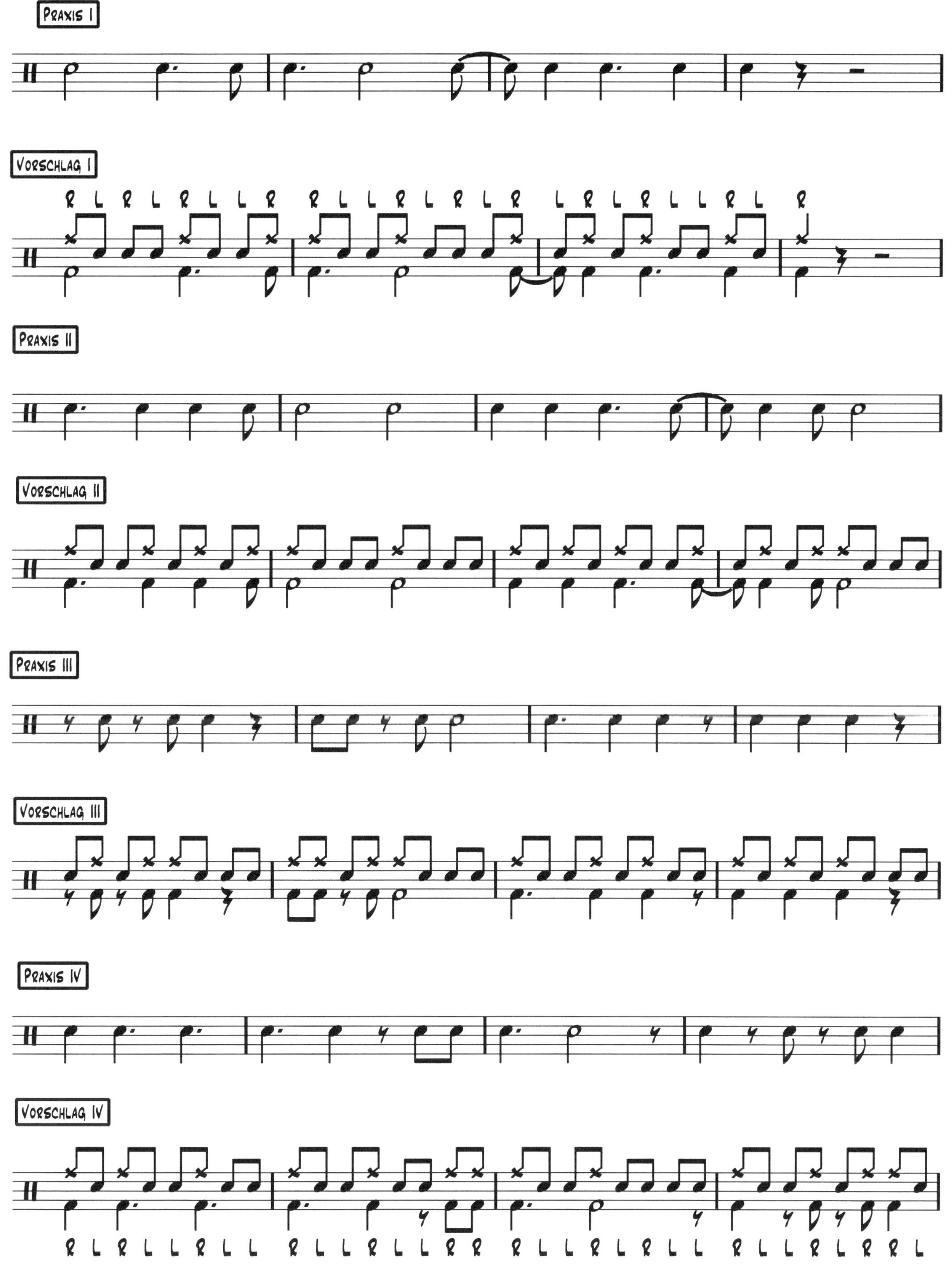

Training: Right Hand Lead

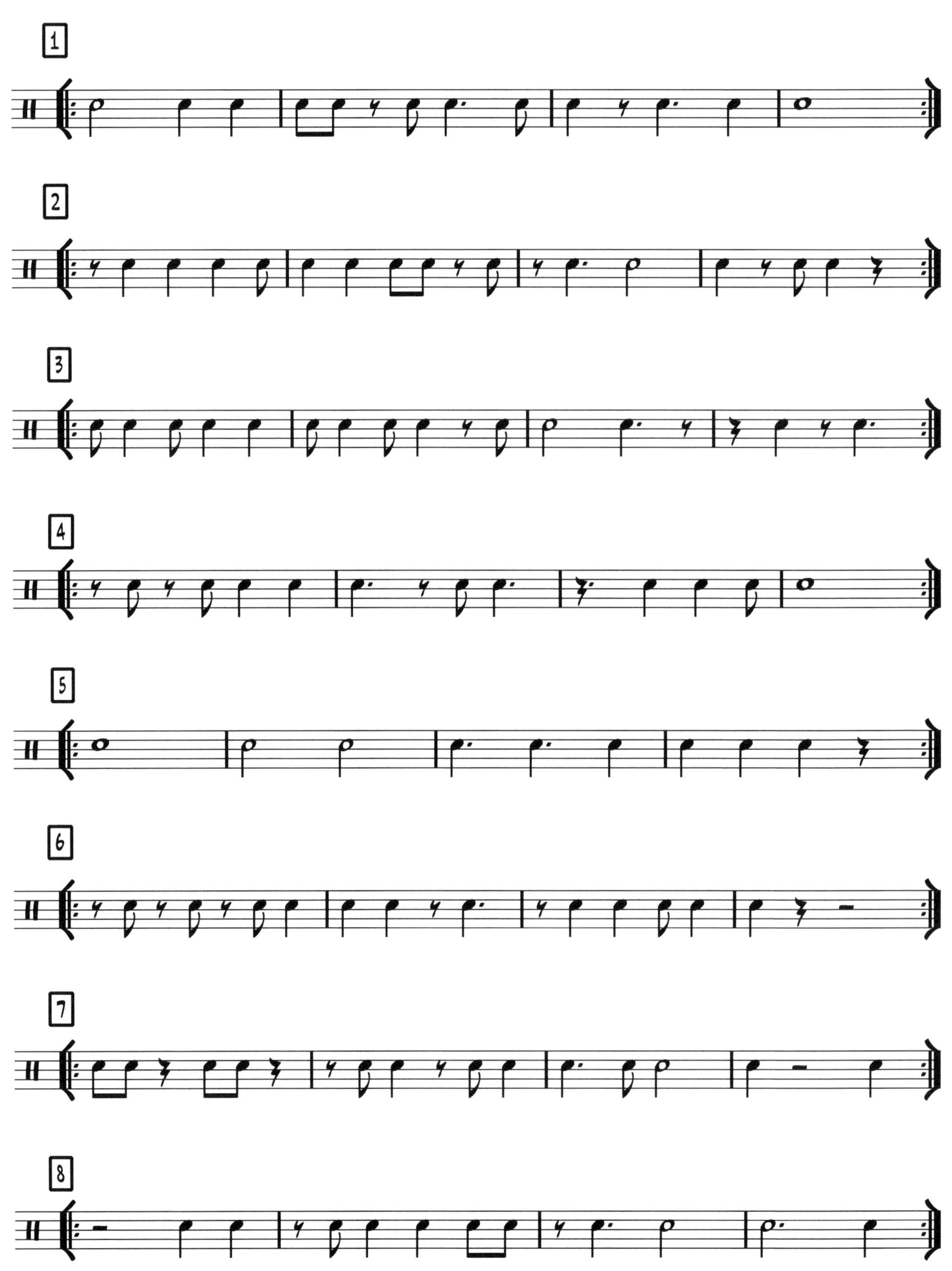

Groups als Grooves

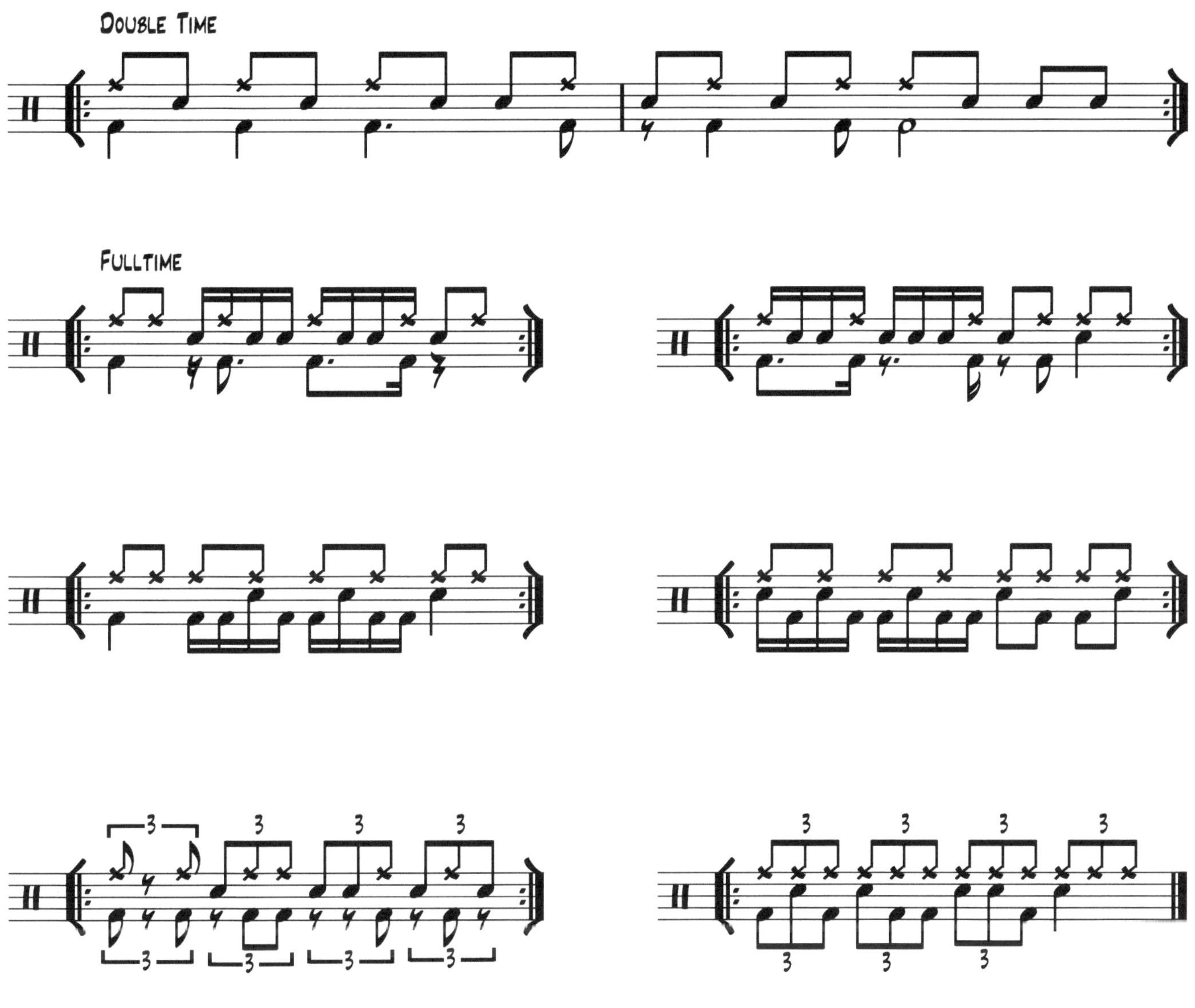

Much More on: www.drums-online.org

Lust auf mehr Workshops? Schaue auf die Adresse oben und sieh Dir auf jeden Fall auch die anderen Workout-Serie an! Dort findest Du sehr inspirierendes Material, um dich als Drummer individuell aufzubauen.
Material zum Studium oder einfach nur, um weiter Möglichkeiten des Drummings zu finden!

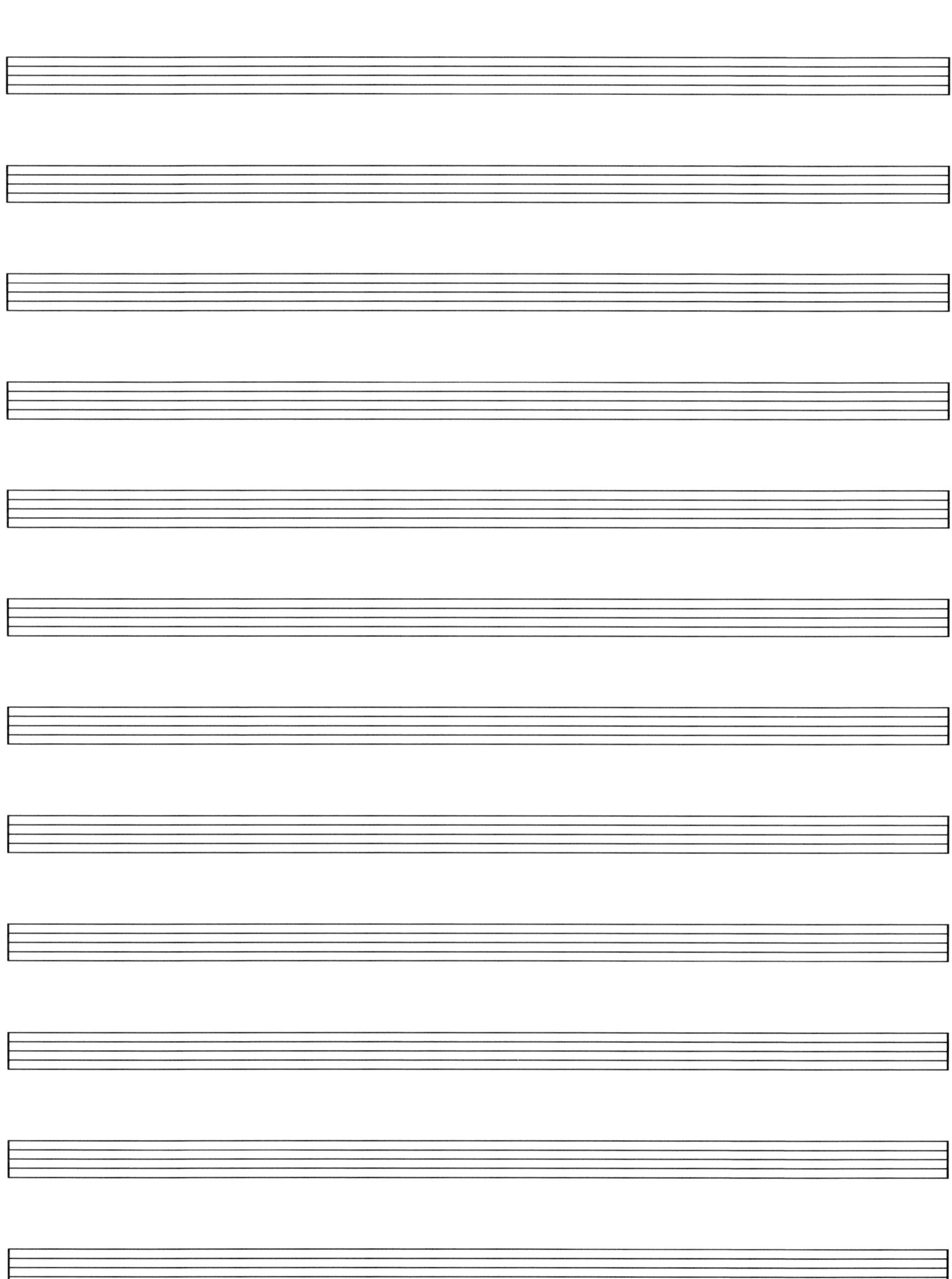